KB194978

너는 마지막 순간에도
빛을 잃지 말고 따라가라

너는 마지막 순간에도 빛을 잃지 말고 따라가라

지은이 | 성아름
그림작가 | 은초
펴낸곳 | 별이네 책방
초판 발행 | 2024년 7월 24일
등록 번호 | 제 2024-000062호
등록된 곳 | 경기도 용인시 기흥구 죽전로 10 장은메디칼프라자 6층(보정동)
이메일 | h-star7@nate.com
ISBN 979-11-987807-0-6 (03230)

너는 마지막 순간에도
빛을 잃지 말고 따라가라

성아름

별이네 책방

이 책을 존경과 사랑을 담아

_____ 님께 드립니다.

바치는 글

어릴 적부터 모든 시간에 함께 하신 나의 주님
내 한탄과 고독, 회한의 모든 순간도 함께 하신 하나님
내 인생을 함께 걸어오신 나의 주님
제 삶에 주님을 빼면 무어 말할 것이 있겠습니까

당신께 이 책을 바칩니다.

감사의 글

세상에!
대단한 사람들이다.

글을 완성하고 오타 수정과 띄어쓰기 확인을 부탁했다.
이 사람들이 인간인가.
우리는 전문가가 아니라서 더 열심히 살펴봐야 한다며 며칠 동안 전체 원고를 몇 번째 뒤지고 있는 것인지 모르겠다.
세는 것을 포기했다. 속이 메슥거린다.
결국 참지 못하고 혼자 방을 나왔다.
간간이 방에 남은 사람들의 목소리가 들린다.
방에 들어가기가 무섭다.

남편 고마워요.
우리 김양 감사해요.
수십 차례 아니, 몇 번인지도 모를 그 많은 수정 사항을 정말 인간이 아닌 것처럼
"네네"하면서 다 교정하신 H님 감사드립니다.

인쇄소를 좀 알아봐 줄 수 있느냐는 부탁에 선 듯 알겠다며 고개를 끄덕이길래 고마운 마음에 밥이라도 사야겠다고 생각했는데, 3일 후부터 온갖 선택사항을 들고 와서 결정하라며 인쇄종이부터 시작해서 가름줄 색깔까지 수십 가지를 들이밀던 O님. 어느 날은 시간이 없다며 밤 2시까지 항목들을 설명하면서 놔주지 않았다. 그렇게 몇 부씩 며칠을 계속 가지고 오길래 결국 물었다.
"항목이 많은 건 알겠는데요. 견적서가 이렇게 많아요?"
처음 해보는 일이라서 잘 모르니 많이 물어가면서 하고 있다며, 60곳에 견적을 넣었으니 답장이 안 오는 곳도 있겠지만, 아직 한참은 견적서가 더 와야 한다는 대답을 들었다.
무서운 사람들.
O님, 감사의 마음과 함께 셋째 득남을 축하드립니다.

이 외에도 보이지 않는 곳에서 많은 기도로 도와주신 모든 분 고맙습니다.
진심으로 사랑과 존경을 담아 감사의 마음을 전합니다.
당신들은 정말 대단한 분들입니다!

너는 마지막 순간에도
빛을 잃지 말고 따라가라

부제 : 나 사는 동안 주만 섬기리

차 례

프롤로그

처음에는 책을 쓸 생각을 하지 않았었는데
쓰다 보니 소중해졌다.

별거 없는 한 글자 한 글자 속에
내가 있어 눈물도 난다.

이 책에 내 모두는 없지만
내 일부를 담아둔 것 같아 의미가 있다.

누군가에게는 비웃음을 살 수도
무가치하다고 무시당할 수도 있지만
내 손을 떠나는 순간부터 생각하지 않으려고 한다.
아니 담담해지려고 애쓸 것이다.

누군가에게는 도움이
누군가에게는 위로가 되기를 바라며
나에 대해
삶에 대해
주님에 대해
모자란 글이지만 시작해 보려고 한다.

1장

나

위로

마음이 너무 아플 때

때로는
알 수 없는 누군가의 울음소리가 위로가 된다.
그 쓰라리고 아픈
슬픈 소리가 속을 시원하게 한다.
위로를 받는다.

착한 사람

한 20년 전쯤
뼈가 시리게 쓸쓸했던 어느 날.
날도 춥고 비도 오는데
우연히 길거리에서 만난
둘째 오빠와
작은 티코 안에서 했던 말이 문득문득 생각난다.

오빠는 그냥 두서없이 이런저런 얘기를 하며
쓸쓸하게 웃고
위로도 격려도 아닌 한마디를 해줬다.

"살다 보니까 세상에 착한 사람은 없더라
 착한척하는 사람은 있어도…."

나도 모르게 씽긋 웃었다.
그냥 웃음이 났다.

내 소중한 것들

나는 살 것이다.
살아서 내 소중한 것들이 망가지지 않도록 지킬 것이다.
이게 내 사랑이다.

약을 먹고 운동을 하고
무엇을 하든지
건강해져서
내 소중한 것들을 지켜내야지.

부서지지 않도록
망가지지 않도록
슬퍼하지 않도록
자신의 힘으로 설 수 있을
그때까지
내가 꼭 살아서….

사는 동안 1

소중한 것들을
소중히 여기지 않을 때
반드시 잃게 된다.

처음에 소중했다 하더라도
더는 그것이 소중하다고 생각하지 않게 될 때
이미 그것은 내게서 떠나고 있다.

사랑과 행복, 건강과 인생, 남편과 아내, 가족과 친구, 돈과 성공
작은 물건들 하나까지
무엇이든 예외는 없다.

그리고 한번 인생에서 잃은 소중한 것들은
쉽게 다시 기회를 주지 않는다.

인생은
귀중한 것들을 발견할 안목과
그 가치를 아는 자에게

그리고 세상의 모든 것은
절대로 노력 없이 주어지지 않는다는 것을 아는
지혜로운 이에게
인생을 누릴 자격을 준다.

상처

성경 속의 예수님은
나처럼 상처가 많으신 분 같았다.

하나님의 아들로 오셔서
마음을 이해해 줄 사람 하나 없고
머리 둘 곳도 없다고 하셨던.

결국 사람들은 예수님을 버렸고
비난받으시고, 조롱받으시고, 채찍에 맞으시고
십자가에 못 박히신 주님.

그래서 처음 예수님을 알게 되던 때
늘 항상 예수님의 편이 되기로 작정했었다.
예수님을 슬프게 하지 않기로 다짐했었다.

어린 마음속 깊이
예수님을 위로해 드리고 싶었다.

하지만 어느 날

내가 사는 게 너무 힘들 때
아무리 기도해도 해결되지 않을 때
예수님은 내 편이 아니신 것 같다는 생각이 들었다.

그분은 모든 사람에게 자비로우시지만
내게만은 아니신 것 같았다.

담담히 살아가려 했지만
내 인생이 서러웠다.

23

부모

정말 열심히 살았는데
모든 것을 다 쏟아부었는데
인생에서 무너졌을 때
세상에 모든 것이 의미 없을 때
텅 빈 가슴이 고통스럽게 답답할 때

어둑한 밤
터덜터덜 오랜만에 찾아간 집 문밖에서
잠결에 갑자기 내 이름을 크게 부르는 엄마의 목소리를 들었다.

"아름아, 아름아…, 왔나…?"

"여보. 꿈이에요. 자요…."
아버지의 대답이 들려왔다.

"왔어요…."
하지만 잠결에 엄마는 계속 나를 부르셨고
순간 계단을 오르던 내 걸음은 뚝 멈춰졌다.

"왔는데… 아름이가 왔는데 안 왔어요?"

경상도.
평생을 양반 자존심으로
무덤덤하고 의연하게 사는 걸 미덕으로 아는 노모가
나를 찾는 목소리가 다급했다.

내가 집에 왔다며

잠결에 갈라진 목소리로 되뇌는
엄마의 음성에서 그리움이 묻어났다.

말문이 막혔다.
멍하니 눈만 깜박거리기를 몇 번
문을 열지 못하고
대문 밖에서 돌아섰다.

하…

고통에 짓이겨져서 감정도 감각도 잘 느껴지지 않았는데
뭔지 모를 시원한 물이 가슴속에서 차올랐다.

그러고는 정말
별 하나 없이 캄캄한 서울 하늘을 올려다본 것 같다.
내 맘 같은 메케한 공기가 답답했다.

비록 아직 마음 누일 곳은 없었지만
작은 용기가 생겼다.

아직 내게 남은 것이 있었다.

지혜

뼈를 갈아 넣었던 일들이 허사가 되고
사람들에게 배신당하고
믿음이 휴지 조각이 되고
남은 것이 아무것도 없을 때

알에서 깨어나듯
삶에 소중한 것이 무엇인지
인생에 가치 있는 것을 찾는 방법을
처음 깨달은 순간.

값을 매길 수 없는 지혜를 발견했다는 걸 알았다.

인생의 가치

사람마다 다르겠지만
가치 있는 것은
결국 나를 이끌어가고 완성시킨다.

사람마다 자신이 꿈꾸는 삶의 완성은 다 다르겠지만

그것은 우리가 살아가는 이 세상이 요구하는
성공의 기준과는 다르다고 말하고 싶다.

세상이 말하는 성공이 내게서 멀어져도
그다지 많은 재물이 없어도
누군가 알아주는 업적을 가진 의인이 아니라도
순수하게 나를 행복하게 하는 것.

내가 아닌
다른 누군가처럼 되고자 의미 없이 흉내 내며 살아가지 않게 해주는 것.
내 인생에서 나를 찾아가며 나 스스로를 뿌듯하게 만들어 가는 것.

지금 나를 존재하게 해주는 것들을 찾아내고 그 소중함을 알게 되는 것.
그런 나의 매일을 찾아내는 것.

그것이
나를 가치 있게 만든다.

가끔

일할 때
추진력 있고 시원시원하다는 얘기를 듣는다.
종종 가능해 보이지 않는 일도 해내곤 한다.
사람들은 내가 씩씩한 사람이라고 생각한다.

하지만 사실 나는 겁쟁이다.

미래가 두렵고
닥쳐올 수많은 문제가 두려워
열심히 살 때가 많다.

운명론자

내가 운명론자였을 때
힘들고 고된 내 인생과 하나님의 관계는
받아들이기도 이해하기도 힘들고
머리와 마음이 따로 움직이며 멋대로 굴어서
참 혼란스러웠다.

내 인생을 구원할 수는 있지만
나의 인생을 이리도 힘들게 만드신 장본인이라고?

인간의 삶을 계획하시고 주관하신다는 하나님께
너무 서러워 울 때도 많았다.

너무 아픈 상처는 배우고 싶지 않았고
이미 가지고 있는 것만으로도 숨이 찼다.

내 기도는 듣고 계시는지…
더 열심히 더 열심히 말씀대로 살았지만

나를 조금도 소중하게 여기지 않으시는 하나님.
그래서 때로는 하나님이 싫었다.

내게는 참 냉정한 분이셨다.

때로는 어릴 때부터 설교에서 항상 들었던 것처럼
어쩌면 고된 인생에서 내게 가르쳐 주실 것이 많아서
이렇게 하시는 것이라고 나를 다독이며
애써 웃었다.

겉으로는 웃었지만
속으로는 원망했다.

언젠가 나에게도
너그러이 대해주실 날이 있을 거라는 기대를 하며
내 인생을 향해 세우신 계획이 너무 아프지 않기를 바라며

견디고 또 견디고
참고 또 참고
눈에 보이지 않는 하나님을 그렇게 불렀다.

오랜 시간을 그랬다.

별로 대단치 못한 나는
그랬다.

오해

시간은 짧지 않았다.

어떤 순간부터는
너무 위대하신 예수님은 멀게 느껴졌고
평범한 나는 별로 관심 없으실 거라고 여기게 됐다.

마음을 닫은 이후
그저 주어진 일들을 열심히 해나갔다.
아니 마음을 닫았는지도 모르고 살았다.

하나님은 살아계시니까.
천국에 꼭 가야 하니까.

정말이지
이 세상에서 이렇게 고생하고 지옥까지 가고 싶지는 않았다.

천국 가는 방법은 예수님 십자가뿐이니까.

이게 사실인 걸 어쩌겠는가.
십자가뿐인걸.
아프게 붙들었다.

그때 내 맘속에 유일한 소망은
천국이었다.

'천국 어느 구석이라도 가기만 하자'
유일한 목표였다.

구별

세상에 사람만큼 어려운 게 없다.
사람이 쉽지 않아
한숨 쉬는 날이 많아질 때
우연히 이런 글을 봤다.

"저는 일단 사람을 만나면 엄청나게 잘해 줍니다.
 그러면 거의 두 가지로 나타납니다.
 자기가 엄청나게 잘났다고 생각하고 건방을 떨거나
 아니면 내가 잘 대해 준 것을 되돌려 주거나,
 그러면 그때 적절히 알아서 정리하면 됩니다."

아주 현명하다고 생각했다.

남자

그때쯤
이 세상에 무서운 것도
아끼는 것도
겁날 것도 없었는데

자의 반 타의 반으로 알게 된
이 남자는
왜 이렇게 잘해 주지?

왜 이렇게 따뜻한 거야.
자꾸 눈물 나게.

남편

내 남편은
웃을 때 눈주름이 곱고

말할 때
입매가 단정하고

잠잘 때
콧대가 오뚝하고 매끈하다.

자리에 누우면
늘상 시려하는 내 손등을
살풋 감싸 쥐는 손은
다정하다.

따뜻하다.

사는 동안 2 (감사)

사는 동안
만일 내 몸과 마음이 편하다면
나의 안락함을 위해서
대신 고생하는 누군가가 있다.

세상에 공짜는 없는 법이니

편히 밥 먹는다면
편히 돈 쓴다면
누군가는 대신 수고의 대가를 냈을 것이다.

부모든, 남편이든, 아내든, 자식이든, 친구든,
내가 알지 못하는 그 누구든 간에

내가 흘릴 눈물과
내가 겪었어야 할 쓰라림을
그가 당했기에

그 누군가가 수고했기 때문에
내가 편안함을 누릴 수 있는 것이다.

엠블란스

터질 듯 찢길 듯 아픈 심장을 움켜쥐고
이 차를 몇 번째 타는 건지
헐떡거리며 고통에 몸부림친다.

고통이 더 강해질 때마다
살아야 한다는 마음은 강해졌다.

살아야 한다.

하지만 어느 순간
고통이 나를 넘어섰을 때
머리는 단순하고 냉정해졌다.

차 내벽을 움켜쥐고 숨을 헐떡이며
마지막 내게 남은 모든 의지를 끌어모아 기도했다.

'오늘이 내 인생의 마지막 시간이라면
 나는 주님께 내 인생을 회개하고 싶습니다.
 나를 용서하시고 꼭 천국으로 데려가 주세요.'

의식을 잃기 직전 병원 앞에 도착했다.
여러 개의 주사액이 달리고
통증을 잡기 위해
모르핀 계열의 진통제를 맞았다.

나는 연약하다.

사는 동안 3

열심히 살았다.
악하지 않게 거짓되지 않게.

다시 돌아간다 해도
지난 시간보다 더 열심히 살 수 있다는 생각은 들지 않는다.

그런데 지금 남은 것이 별로 없다.

건강도 예전만 못하고
지식도, 사회적 성취도 별 볼 일 없다.

그래서 후회하는가.
후회라는 말보다는 그냥 조금 눈물이 난다.

사실 후회도 했다.
아주 조금.

하지만 다시 돌아가도
분명 또 그렇게 살겠지.
나니까.

그렇게 산 하루하루가
인생이 되었다. 내가 되었다.

아직은 아닌 것 같은데
이제 인생을 말할 나이가 되어가는가 보다.

선물

살다가 힘에 부쳐 허덕거린 적이 많았다.
당당하고 멋지게 살고 싶었지만
그건 내가 가지기 어려운 화려함이었다.

내가 살아가야 하는 몫을 지불하고
매일매일 의미를 부여하고 열심히 살면서
정말 내가 원했던 것은
선물처럼,
때로는 월급처럼 찾아와 줄
행복.

행복을 목마르게 기다린 것 같다.

절정

혹자는 인생의 꽃이 젊음이라 하지만

찬란하고 탄성이 가득한 삶의 절정
그것을
나는 행복이라고 생각한다.

그것은 들꽃처럼 알지도 못하게 소소하게 찾아오기도 하고
대나무처럼 죽기 전에 단 한 번 꽃을 피우기도 한다.
또 한 번 피웠다고 해서 영원하지도 않다.

늘 피울 수도 없고
모두가 피우는 것도 아니고
피었다가 지기도 하지만

살아가면서 모두가 숨죽여
꽃망울이 터지는 그 순간을 꿈꾸고 소원하기에
초록의 절정이 꽃이라면
인생의 절정은 행복이라 부르기에 부족함이 없다.

여러 번 피워 본 사람은 꽃이 피는 온도와 계절을 알지만
한 번도 경험하지 않은 사람은
서툴러 평생 피워보지 못할 수도 있겠다.
하지만 태양이 불타는 사막에서도 선인장 꽃은 핀다.

쉽지 않다고 말하고 싶다.
행복은 절대 쉽지 않다고.

그러기에 행복이 찾아오면
감사하게, 소중하게 행복을 누리라고.
그리고 이 세상의 행복은 영원하지 않음으로
안주하지 말라고 말하고 싶다.

또 꽃이 시들 때도 실망하지도 말라고.

꽃은 다시 피고 또 필 수 있으므로.

그리고 마지막으로
결국은 당신의 인생이
아름다운 꽃밭이 되기를 진심으로 바란다.

사는 동안 4

내가 얼마나 실수가 잦고
모르는 게 많고
능력이 없는지
답답하고 성질 사나운지
또 겁이 많은지
다른 사람은 몰라도 나는 안다.

사람이 진짜 자기 모습을 보게 되면
겸손해질 수밖에 없다.

참 씁쓸하고 초라하기도 하지만
이 세상에 나보다 잘난 사람들이 한가득 있는 것이 사실이니까.
내가 못 하는 걸 썩 잘하는 사람들도 많으니까.

그래도 사는 동안
잘하는 사람들 손뼉 쳐 주면서 살고 싶다.

질투로 내 마음을 망가뜨리면서 경쟁하고 깎아내리고 싶지는 않다.
그런다고 내 못난 것이 사라지는 것도 아니니까.

때로는 강하고 거칠고 냉정한 세상이
무서운데
그래도 살아가려고 애쓰는 내가
기특하다.

아들 1

결혼 7년 만에
갑자기 찾아온 아기는
내가 아는 모든 사람을 소리 지르게 했다.
울고, 놀라 소리 지르고
핸드폰을 붙잡고 꺽꺽 울어대던 소리가
아직도 생생하다.

그렇게 8년 만에 낳은 아들을
처음 만나던 날
온 가족, 교회가 다 울었다.

남편은 그날 얼마나 울었는지 지금도 종종 그날을 이야기한다.
약한 엄마 몸을 견뎌내고
기어이 태어난 아기가 너무 대견했고
지켜주신 하나님께 감사만 나왔다고.

선이 곱고 눈이 예뻤던 그 아기는
이제 축구를 사랑하는 애교쟁이 아들로 자랐다.

심지어 지금은
머리 크고 목소리 걸걸한 동생도 태어나
같은 학교에 다닌다.

아이들의 맑은 웃음이
무표정한 그늘 같던 가슴속에
부드러운 미소가 된다.

마냥 좋지 않아도 불편해도
많이 웃어주는 아들들이 고맙다.

하나님이 만드신 것은 모두 너무 아름답다.
사랑스럽다.
아이들은 남편과 나를 매일 행복하게 만든다.
매일 위로하고 기쁨을 느끼게 한다.

아들 2

물론 떼쓰고 혼낼 때도 많다.

아이가 자라면서 더 속상한 일과 걱정거리도 많아질 것이다.
사춘기를 지나며 정서적으로 부모와 분리되는 시간도 찾아오겠지만
아들들의 어릴 때를 추억하면서 쓸쓸해하고 싶지 않다.

아이들의 순간순간을 사랑하고 싶다.
커가며 변해가는 그 시간을.

아이들과 살아가는 모든 순간을 놓치지 않고 사랑하려고 한다.
그렇게 함께하고 싶다.

장성해져서 부모 품을 떠날 그 순간의 너희들을 사랑하고 싶다.

커갈수록 엄마 아빠와 함께하는 시간은 줄어들겠지만
그건 우리와 함께하는 시간이 줄어갈 뿐
어디서든 너희의 행복은 점점 더 커져가기를.

언제까지나 하나님 앞에서
굳고 바르게 자라기를 기도한다.

그리고 항상 기억해.
오직 주님만이 너희를 행복하게 하실 수 있다는 걸.

언젠가 너희가 이 말을 이해하는 날
엄마는 너희가 참 자랑스러울 거다.
사랑해 아들들.

자식

자식을 낳아보니 알겠다.

자식은
뼈, 살가죽 하나 없이 그냥 세상에 꺼내놓은
내 속 같다.

너무 여린 살이라서
항상 걱정되고
쉽게 다치고 피나는
살짝 건드리기만 해도
무방비하게 아파져 오는 속.

그러니
자식이 속을 썩인다는 건 맞는 말이었다.

하지만
부모가 세상을 대신 살아 줄 수는 없는 것.
그 아이들이 혼자 헤쳐 나가야 할
자신의 인생이 있다.

아는데.

서글프고 애처로워서 쉽게 놓지 못한다.

하지만
어린나무가 크듯이
풍파를 잘 견뎌서

언젠가 단단하게 제 삶을 밟고 살아주기를.

엄마 아빠보다 더 강인하게 여유롭게
이 만만치 않은 세상을 잘 살아주기를 바라는 꿈을 꿔본다.

나도 잘하지 못한 일을 자식에게 기대하는 건 욕심이지만
그 상상만으로도 가슴에 물이 차오르는 것 같다.

그래서 별로 줄 것도 없는 엄마는 기도한다.

주님의 긍휼함이 항상 너희 머리 위에 머무시기를
그분이 너희의 길을 지도하시기를
함께 가주지 못하는 인생의 길 위에서
평생 너희의 동행이 되어주시기를

나도 엄마니까

얼마 전 남편의 눈시울이 붉어져 있어 어쩐 일이냐고 물었다.
남편은 영상을 보고 있었는데
교통사고로 단란하고 행복했던 가정에 닥친 아픔에 대한 것이었다.

"아이는 살고 엄마가 떠났는데, 엄마가 아이를 감싸고 있었대.
 아이가 죄책감이 있는 것 같아. 자신 때문에 엄마가 떠났다고….
 어린아이가 어떻게 견디고 있을까."

너무나 사랑했던 엄마를 떠나보내고
남겨진 가족들의 그리움이 고통이 되어가는 이야기를
잔잔히 전하는 남편의 목소리에서 물기가 묻어났다.

"그래? 가족들이 너무 힘들겠다. 행복했던 것만큼 보고 싶을 텐데….
 남편분도 아이들도….
 얼마나 아플지 상상도 안되네."

 그러다가 툭 던지듯 말이 나왔다.

"그래도 엄마는 여한이 없을 거야."

"응?…."

"그 짧고 급박한 순간에 엄마가 바란 건 하나겠지,
 아이가 무사한 것.
 자신이 어떻게 되든 아이만은 아무 탈이 없기를
 그런데 아이가 하나도 다치지 않았잖아.
 가족들은 떠난 엄마가 그리워 많이 힘들지만

그래도 엄마는 여한이 없을 거야."

남편의 눈이 커졌다.

"진짜?
 ……….
 그걸 어떻게 알아?"

남편의 목소리가 조금 상기됐다.

"내가 엄마잖아.
 엄마니까.
 나라면 아이를 감싸다가 먼저 떠나면서
 아이가 하나도 다치지 않아서 다행이라고 생각했을 것 같은데….
 내 아이를 지켜냈다는 것만으로도…."

"……."

"나라면 그저 우리 아이가 자신의 몫만큼의 행복을 누리면서 살아주길
 바랄 것 같아요.
 엄마 아빠는 아이들이 활짝 웃는 모습처럼 행복한 게 없잖아.
 내 자식들이 아프지 말고….
 엄마들이 그렇잖아요."

축구

80년 축구 인생이신 아버지는 정말 축구에 대해서 진심이시다.

어릴 적 내 기억 속
TV 화면으로 보던 축구는
환호성보다는 탄식 소리가 많았다.

"아~~! 저걸 놓치나.
　에이. 저걸 골키퍼 앞에 갖다주네.
　·················.
　카···. 딱 골 찬스였는데···. 절마(저 임마가)가!
　내가 해도 저거보다는 잘하겠다.
　아까 교체해야 했는데···."

평소 축구에 아무 관심이 없으신
축구 유니폼만 봐도 싫으신
축구의 'ㅊ'도 진저리 치시는 우리 어머니는
그때마다 꼭 한마디 하신다.

"아이고 마!
　지(본인은)는 더 잘하고 싶다.
　지도 그라고 싶어서 그라나(그렇게 하고 싶어서 그렇게 하나).
　제일 잘하고 싶은 게 지(본인)다."

빠져나갈 곳 없는 논리에
항상 아버지는 빙그레 웃으며 수그러드신다.

자식을 셋이나 키우신 노부부에게
사는 게 맘 같지 않다는 말은
어디에서나 통하는 면죄부와 같은 위력이다.

첫사랑

딱 두 번의 사랑을 했다.
첫사랑 그리고 지금 내 사랑
난 눈도 참 높지.
둘 다 잘 생기고, 성격도 참 좋다.

오래전 영화 건축학개론이 대성공을 거둔 첫사랑의 프레임.
그 유치찬란한 프레임.

'사실 그때 내가 정말 너를 좋아했었다.
 오랫동안 잊지 않고 있었다.
 오랫동안 많이 좋아했고 가슴 아파했다.
 그건 오해였다.
 네가 떠나간 건 정말 오해 때문이었어.'

경험상 정답이라고 생각한다.

20대 초
내 첫사랑은 너무 못되고 아프게 떠나서
생각하면 속에서 천불이 나곤 했다.
아주 싹 잊어버리고 아무 감정도 남기지 않는 것이 복수라고 생각했다.

정말 잊으려 했다.
잊으려고 그렇게 사생결단 노력해도 잊히지 않고,
상처인가 싶어서 치료해 보려 노력해도 되지 않았다.
너무 맘대로 되지 않아 미련인가도 생각했다.
하지만 항상 느끼는 건데 나는 복수에 소질이 없다.
아무리 노력해도 어쩔 수 없다.

그때를 생각하면
고운 기억이
싱그럽고 아름다운 사람이 생각난다.

추억은 모든 것을 아름답게 만든다던데….
그 유치한 통속 신파가 나라니.

시간이 지나갈수록
이젠 늙는지
감정도 귀찮고 복수도 아무 의미 없을 때

너를 잊는 것보다
너의 행복을 빌고
좋아했던 감정을 다 버리는 것보다
사랑했던 기억을 인정하는 게
편하더라.

너의 인생이 평탄하고 행복하기를
기쁜 일이 많기를
인생에 마지막
꼭 천국에 가기를 기도하면서
참 오랜 시간 속상했던 마음도 위로받았다.

나는 그런 사람이더라.
사실은 독하지 못한….

너는 모르고 떠났지만
많이 좋아했다.
그리고 그때 내가 많이 미숙했었다.

너는 아름다운 사람이었다.
지금까지 기억에 남아 있는
가장 아름다운 사람 중 하나다.

너의 외사랑은 길고 첫사랑은 짧았지만
억울해하지 마.
나의 첫사랑은 아주 길고 길었으니까.

기분 나쁠 때 첫사랑

그때 네가 예쁘게 웃으면서 그랬지.

만일 헤어지면
아주 많은 상처를 줘서라도
평생 자신을 못 잊게 만들고 싶다고.
그런 생각을 한다고.

장난인 줄 알았다.

그렇게 순하고 곱던 네가
그리 지독하게 상처를 주고 아프게 만들 줄을 상상도 못 했다.
처음이라서 아무것도 모르는 내게.

물론 너도 제정신은 아닌 것 같았다.
남 아프게 하면서 자신은 안 아파질 줄 알았다면 바보지.

그렇게 제 한 몸 부서져 가며
평생 못 잊게 만들겠다던 너의 다짐은
성공으로 끝났다고 말해주고 싶다.

너의 바람대로

오랜 시간 너는
고통이었다.

2 장

사는 동안
부제 : 잔소리

사는 동안 5

세상 모든 종류의 이별이 아픈 것은
소중했기 때문이다.

내게 소중하다는 것은 나와 닿았다는 것.

그런 존재는
오감이 아니라 이성과 지성을 넘어서
마음의 쓰임을 알게 한다.

사람의 마음이
보고 들을 수 있다는 것을 알게 될 때
마음이 맵고 시고 짠, 단맛을 알게 될 때
삶 앞에 겸손해진다.

하지만
이것을 함께 느낄 존재가 없다는 것을 알 때
사람은 외로움을 느끼게 되고
이것을 나눌 존재가 단 하나도 없다고 확신할 때
인간은 죽음을 생각한다.

선택

살다 보면
누구나 예외 없이 고통과 아픔의 순간이 있다.
배신, 억울함, 이용당한 분노로
머리카락까지 부들거리며 떨리는 순간이 있다.

그 순간을 만나면 누구나 자신도 모르게 둘 중 한 가지를 선택하게 된다.

다시는 당하지 않기 위해서 더 강하고 독하게 살기로 마음을 먹든지
아니면 예수님 가르침대로 용서하고 사랑하기 위해서 몸부림치든지.

첫 번째를 선택하면 세상을 향해 모질게 빈틈없이 마음을 닫을 수도 있고
두 번째를 선택하면 용서하기 위해서 자신과 싸우며
헉헉거리며 반병신처럼 살아야 할 수도 있다.

둘 다 쉬운 일은 아니다.

하지만
후자를 선택하는 사람은
점점 예수님을 닮아갈 것이다.
고통 속에서 예수님을 조금씩 이해할 수 있게 될 것이다.

그리고 주님과 친구가 될 수도 있다.
예수님께서 절대 그를 혼자 두지 않으실 테니까.
그리고 종국에는 내가 자유로워질 것이다.
그러니 꼭 손해 보는 것은 아니다.

능력

좋은 머리와 특별하고 좋은 학벌, 놀라운 아이디어만 능력이 아니다.
머리가 좋은 것만 능력이 아니다.

사람이
성실한 것도
부지런한 것도
정직한 것도
진실한 것도
능력이다.

머리가 좋은 것은 쉽게 인정받은 능력이지만
성실하고 진실하고, 정직하고 부지런한 것은 오래 인정받는 능력이다.

이 사회에서 내가 패배자라고 생각하지 마라.
공부를 잘하는 사람들을 이 사회에서 인정해 주는 이유는
좋은 성적만 냈기 때문이 아니다.
그들의 인내와 노력, 끈기, 집중력, 지구력, 근성 이 모든 것들을 함께 인정하는 것이다.
왜냐하면 공부는 힘들고 긴 레이스 같은 것이니까.

하지만 이것이 자신에게 주어지지 않았다고 해서 쉽게 포기하지 마라.
성실과 정직과 인내, 부지런함 같은 것들은 머리로 배우지 않아도 할 수 있다.
자신의 마음이 바르다면 사회는 받아 줄 것이다. 결국 인정해 줄 것이다.

이것은 대단해 보이지 않지만, 절대 쉽지 않은 능력이고,
모든 사회의 기조는 여기서 시작한다.

만일 정직과 성실과 부지런함이 웃음거리가 되는 곳에 자신이 있다면
얼른 발을 빼라.

그곳은 더러운 곳이다.

결혼 1

결혼할 때
가장 중요한 것이 무엇이냐고 묻는다면
가족 모두의 행복
자기와 다른 것을 용납할 마음
참지만 말고 솔직하게 대화할 수 있는 지혜
상대에게 거짓 없이 진실할 수 있는 선량함, 책임감, 존중 등

여러 가지가 있겠지만

감히 꼽는다면
정말 나를 사랑하고 내가 사랑하는 사람
결혼해서 정말 잘 살겠다는 각오를 가진 사람
결혼은 현실이라는 자각이 있는 사람이라고 말하고 싶다.

이런 사람은
결혼을 위해서 희생하고 양보하고 노력할 준비가 되어있다.
이런 두 사람이 만났을 때 행복한 가정이 될 가능성이 크다.

결혼만 하면 가만히 있어도
자연히 행복하게 잘 살 것이라는 생각은
어리석다.

결혼해 보니
결혼 생활이란 서로 맞는 것 하나 없는 두 사람이 만나서
조율하고, 이해하고, 참고, 견디는 시간이 대부분이다.

이 시간들 사이사이에 사랑이 짙어진다.
조율하고, 배려하고, 이해하는 걸 포기하는 순간
잠깐잠깐 모습을 비치던 기쁨과 사랑은 온데간데없다.

오랜 시간 서로를 이해하고, 배려했던 사람들은
이 사이사이 순간순간들이 모여 행복이 된다.

물론 세상에 모진 풍파도 있다.
그때는 또 인내와 지혜가 필요하겠지만,
이해와 배려의 시간을 많이 보낸 부부들은
그 순간을 함께 이겨낼 수 있는 신뢰가 있다.

어찌 되었든 다시 한번 말하지만
결혼 상대를 고를 때는
열린 마음으로 책임감을 가진
행복한 결혼 생활을 위해 노력할 사람을 고르라고 조언하고 싶다.

그리고 많은 대화를 하기를.
힘들고 자존심 상할수록 더 솔직하게 이야기하기를.

대화하지 않고 참기만 하면 언젠가 폭발해 버리고 말 것이다.
그러고는 갑작스러운 상대의 분노에 서로 어찌할 바를 몰라서
결국 서로 조율하지 못하고 멀어지는 것을 여러 번 봤다.

또 순간의 감정으로 성적인 매력에만 끌려 결혼하지 말기를.
결혼하면 자연히 행복해질 거라고 망상도 하지 말기를 조언하고 싶다.

그리고 절대 상대를 향한 불쌍한 마음으로 결혼하지 말기 바란다.
사랑하는 사람과 살아도 한평생 사는 것 정말 힘들다.
별의별 일이 다 있다.
사랑하는 사람과 결혼해서 행복하게 살면서
어렵고 힘든 사람들을 많이 도우면서 살면 참 좋지 않은가.
감사한 마음으로.

결혼 2

남편과 아내의 관계는
부모, 자식 관계와 다르고
형제 관계, 친구 관계, 연인 관계 등
어떤 인간관계와도 같지 않은 다른 종류의 관계이다.

연인이었더라도
결혼하면 다른 인간관계가 시작된다고 생각해야 한다.

한 번도 경험해 보지 못한 관계의 시작이라고 생각하고
서로에게 다가가야 한다.

내 몸처럼 가깝지만
내 몸은 아니고
한없이 나의 부족함을 채워 줄 수 있지만
또 나를 가장 외롭게 만들 수도 있다.

친구처럼 막역하지만
조금만 함부로 대하면 망가지기 쉽고

끊어버릴 수도 있지만
어지간해서는 끊을 수 없는

꼴 보기 싫어도
영 밉지만은 않은

참고 살 수 있지만
그러면 더 서글퍼지는 것이 부부다.

등을 돌리면 지구 한 바퀴를 돌아야 마주 볼 수 있지만
서로 사랑하면 세상에서 둘도 없이 가까운
새로운 인간관계의 시작이 결혼이다.

소중한 것 - 새 신부에게

만일 남편이 당신에게
돈을 맡긴다면 그것을 소중히 생각하길 부탁한다.

돈 있는 곳에 마음이 있다.[1]

남편의 자존심과 미래와 인생을 당신의 손에 쥐여주는 것이다.
하루하루의 고된 생활과, 미칠 것 같은 무게로 짓누르는 책임감
때로는 억울함과 분노
그리고 눈물도 간혹 섞여 있다.
돈을 쥐여주는 것이 아니라 믿음과 신뢰
그리고 기대도 거기에 다 담겨 있다.

남자는 단순하지 않다.
섬세하며 예민하고 어린 시절에는 에너지가 넘친다.

단지 느끼는 감정을 빠르게 언어화해서 표현하는 기능이 느릴 뿐
약육강식의 사회에서 살아남아야 하는 것이 우선이기 때문에
감정의 언어화 과정을 매우 의미 없다고 생각하는 경우가 많다.

만일 남편을 계속 무디고 단순하다고 생각하고 그렇게 대한다면
그는 점점 더 자신의 마음을 언어화시키지 않을 것이다.
그러면 외로움이 시작된다.
서로의 외로움이.

결혼한다고 행복해지지 않는다.
결혼한다고 영원히 사랑받지 않는다.

---

1 마태복음 6:21 '네 보물 있는 그 곳에는 네 마음도 있느니라'

하지만 분명한 것은
상대가 불행하면 결코 나 자신도 행복할 수 없다.

이미 결혼했다면
이미 한 결혼
할 수만 있다면 행복하기 위해서 최선을 다하기를.

당신이 지혜로운 여인이라면
남편이 나이 들어 혼자 순대국밥 먹으며 울게 만들지 마시길.

남편의 행복을 위해 노력한다면
그 역시 당신을 사랑해서 결혼했기에
이미 더 많이 사랑할 각오가 되어있기에
반드시 고마워할 것이다.

소중한 것 - 새신랑에게

서로가 자라왔던 가정에서의 규율은
둘만의 새로운 규칙으로 바꿔야 한다.

지금껏 각자의 부모님들이 만드셨던 규율 속에서 살았지만
그것을 서로에게 강요하지 말고
대화를 통해서 새로운 가정의 규칙을 만들어 가야 한다.

가정의 규율 중에 중요한 것도 있지만
대부분 실생활과 관련된 소소한 것이 많은데
워낙 잔소리를 많이 들으며 축적된 습관이라서
별것 아닌 것이 매우 중요한 사항으로 메모리 되어있는 경우가 많다.

결혼한 여자에게 따뜻한 남편의 사랑만큼 중요한 것은 없다.
아내는 책임감 있고 정돈된 안정감을 바란다.
처음부터 완벽할 수 없다.
서로 노력해 가는 것이다.

사랑은 행복으로 가는 지름길 같지만
길이라는 것은 늘 고단하기 마련이라는 것을 기억하자.

고단한 길에 평생 길동무가 있다는 것이
얼마나 소중한 것인지 잊지 말기를.

소중한 것을
소중히 여기지 않을 때
잃어버리게 되는 것이다.

가정

교회가 거듭난 영혼이 세속에서 버텨 나갈 수 있게 하는
영혼의 길잡이라면
가정은 삶을 버텨나갈 수 있게 만드는 정서의 뿌리와 같다.

가정은 사람의 정서를 그대로 보여준다.
가정이 바로 그 사람이고, 곧 그 내면이다.

잘 알고 있는 사실이지만
만일 어떤 한 사람을 자세히 알고 싶다면 그 사람의 가정을 보라.

불안정한 가정 속에서는 불안정한 자아가
폭력적인 곳에서는 폭력적인 자아가
이기적인 곳에서는 이기적인 자아가 만들어지기 마련이다.
슬픔과 냉기가 가득한 곳에서는 우울한 자아가 만들어지기 마련이다.

자신의 가정을 경멸하는 사람은
대부분 자기 자신을 동시에 경멸하기 마련이다.

인간은 그리 강하지 않다.
물론 예외 없는 법칙은 없지만.

그러기에 만일 가족 구성원을 지속해서 아프게 만들고,
슬프고 불행하게 만드는 행동은 결국 자신을 불행하게 만드는 것이다.

아내나 남편, 부모나 자식에게 치명적인 상처를 주는 행동은
스스로 이 세상을 살게 만들며 힘을 주는
자기의 뿌리를 톱으로 잘라내는 행위와 같다.

이 행위가 반복되면 결국 그 나무는 쓰러지게 될 것이고
한동안일지 아니면 평생이 될지 모르겠지만
다시 뿌리내리기 쉽지 않다.

헬조선

외국인들이 말하는 한국 사람은
세계에서 1등으로 일을 많이 하고
2등으로 잘 논다더라.
인간 AI 민족이라며.

하지만 AI라니 당치도 않다.

우리나라 사람들은
누구보다 자유를 좋아하고
춤과 노래를 좋아하는 사람들이다.
따듯한 사람들이다.
그저 너무 영리할 뿐.

영리하다 보니
젊을 때 미래를 준비하고
열심히 살다 보니
힘에 부쳐서 정신 나간 것처럼 노는 것이겠지.

분노

치열한 경쟁 속에
노력한 것만큼의 결과가 나오지 않고
기대가 엇나갈 때 좌절하게 되고
노력 없이 성취를 얻어가는 사람들에 대해 분노하게 된다.

좌절이란
자신의 모든 것을 쏟아부어 본 사람만 느낄 수 있으므로
분노도 그만큼의 크기인 것이 당연하다.
정당하다.

세상의 부정부패에 치를 떠는 사람들은 모두 그렇지 않을까.

하지만 이 세상이 어찌 정의롭고 공의로울 수 있겠는가.
인간이 인간을 통치하는 한 이 세상은 항상 아수라장일 것이다.

정치인

능력 있고 선한 사람
정직하고 소신 있는 사람
똑똑하고 머리 좋은 사람
강력한 추진력을 갖춘 사람
양심이 바른 사람
나라를 사랑하고 국민을 사랑하는 사람
멀리 미래를 볼 줄 아는 사람
가까이 자세히 볼 줄 아는 사람
마음이 넓은 사람
생각이 건전한 사람
밝고 긍정적인 사람
존경스러운 사람
깨끗하고 소탈한 사람
욕심 없는 사람
측은지심을 가진 사람
사람을 사랑할 줄 아는 사람
겉과 속이 같은 사람

없다.

슬프게도 우리는
조금 더 부패한 사람과 조금 덜 부패한 사람을 골라내며
누가 조금 덜 거짓된가를 찾기 위해 기를 쓰고 있지만
부패한 인간은 부패한 지도자를 좋아하고

결국 다 거기서 거기.
어쩔 수가 없다.

원래 인간은
하늘의 새와 바다의 물고기와 땅 위의 짐승들을 다스릴 수 있는 권한이
주어졌다.[2]
애석하게도 태초에 인간은 인간을 다스릴 존재로 창조되지 않았다.
인정하기 싫을 수도 있으나 이것이 사실이다.

누군가는 위대한 지배자와 통치자가 나오기를 사모하지만
결국 모든 인간은 그저 다 거기서 거기.
없다.
어쩔 수가 없다.

그저 내 조국과
나와 내 가정의 자유와 평등, 안전을 지켜줄
나라를 사랑하고
책임감 있는 누군가를 기대할 뿐이다.

---

2   창세기 1:28 '하나님이 그들에게 복을 주시며 하나님이 그들에게 이르시되 생육하
고 번성하여 땅에 충만하라, 땅을 정복하라, 바다의 물고기와 하늘의 새와 땅에 움직이
는 모든 생물을 다스리라 하시니라'

선(善)과 악(惡) 1

인간이 정의하는 세상의 도덕적 의와 가치관은
편의와 풍조에 따라 계속 변한다.
가변적이다.
세상에서 의와 선은 절대적이지 않다.
그래서 역사적인 인물에 대한 평가가 현대에 와서 달라지는 경우가 종종 있다.

살다 보니 선과 악이 동전의 양면처럼 붙어 있는 경우도 있고
악이 선처럼, 선이 악처럼 잘 포장된 경우도 종종 보았다.

어쩔 수 없이 불완전하게 죄 가운데 태어난 내가
세상의 수많은 사건과 사연 속에서 선과 악을 옳게 분별할 수 있을까?

그래서 미련해 보이겠지만
내 아이들이 "이 사람은 착한 사람이야? 나쁜 사람이야?"라고 묻는 말에 머뭇거릴 때가 많다.

그럼 나는 이렇게 질문을 수정해 주곤 한다.

"엄마는 그 사람이 착한지 나쁜지는 잘 모르겠어.
 그러니까 그분이 어떤 업적을 남겼는지를 물어보면 좋겠어.
 그리고 네가 물어본 그분은
 후대에 훌륭하고 위대한 업적을 남겼단다."

"그럼 착한 사람이잖아."

"후대에 훌륭한 업적을 남기고 위대한 분이셨다고 해도

74

하나님 앞에서 선한 사람인지 엄마는 모르겠어.

하나님은 사람의 마음과 중심을 보시니까.

선과 악을 온전하게 구별하실 수 있는 분은 하나님뿐이란다."[3]

답답해 보일지도 모르지만,
자녀에게 모르는 것을 안다고 말할 수는 없다.

---

3 잠언 16:2 '사람의 행위가 자기 보기에는 모두 깨끗하여도 여호와는 심령을 감찰하시느니라'

선(善)과 악(惡) 2

선악과 사건 이후 인간이
"선과 악을 아는 것에 우리들과 같이 되었다."[4] 고 성경은 말씀하신다.
이때부터 인간은 선과 악을 스스로 인지하게 되었다.

인간에게 선악을 알게 하는 나무의 과실을 먹게 만든
뱀은 선과 악을 구분할 수 있었을까?
여호와께서 '우리'라고 칭하신 이들 중에 뱀이 있었을까?
아니라면 뱀의 악은 어디서 나온 것일까?

우리는 뱀이 악한 의도로 하와에게
'선악과를 먹어도 죽지 않을 것'이라는 말을 했으리라 짐작한다.
하지만 온 땅을 지배하고 다스릴 존재로 만들어진 인간이 선과 악을 구분할 수 없었는데 다스림을 받는 뱀이 선과 악을 구분할 수 있었을까?

뱀은 교활하긴 했으나 인간의 지배를 받는 뱀이 지배자인 인간보다 고등했다고 생각할 수는 없다.
하나님께서 뒤바뀐 순서로 창조하실 리가 없다.

그럼에도
뱀은 인간에게 죄를 짓게 했고
마치 선과 악을 구분하는 것처럼 하나님의 말씀이 거짓이라고 말하며
당시 인간보다 고등한 존재로서
선과 악을 구분할 수 있는 것처럼 보인다.

그러나 앞서 말했듯이

4　창세기 3:22 '여호와 하나님이 이르시되 보라 이 사람이 선악을 아는 일에 우리 중 하나 같이 되었으니…'

지구의 지배자로서 창조된 인간보다 뱀이 고등할 수 없기에
우리는 은연중에 뱀 안에 사탄이 들어갔다는 가정을 세운다.
상식적으로 일반 뱀이 인간을 타락시킬 수는 없다고 생각한 것이다.

뱀은 분명히 인간의 무언가를 바꾸기를 원했고
그것을 위해서 거짓을 말했고
결국 인간을 하나님 앞에서 죽음으로 내몰았다.

선(善)과 악(惡) 3

뱀 안에 있던 것이 사탄이었다면
아담에게 하신 하나님의 말씀이 참이라는 것을 누구보다도 잘 알고 있었을 것이다.
그리고 아담과 하와를 타락시킨다면 자신에게 내려질 징계도 있을 것임을 알았을 것이다.

그렇다면 이 모든 것을 감수하고서도
선악과 사건 이전
선과 악을 구별하지 못하는 아담과 하와에게서
빼앗고 싶었던 것은 무엇이었을까?
단지 영원한 생명이었을까?

아니면 하나님보다 더 높아지고 싶었던 자신이 보기에
선과 악을 구분하지 못하는 인간이
하나님께 이용당하는 피조물이라고 느낀 것일까.

뱀은 하와에게 '결코 죽지 아니하리라. 그것을 먹는 날에는
선과 악을 알아 하나님과 같이 될 줄 하나님이 아신다.'[5] 라고 말한다.

이 말은 마치
인간이 더 위대해질 수 있는데 그것을 하나님께서 막고 계시며
그러므로 하나님의 경고에서 벗어나는 용기를 가지라는 말처럼 들린다.

또 이 일은 하나님과 같이 되고 싶어서 하나님의 말씀을 거역하고 반역을 일으켰던 사탄의 지난 과거를 떠오르게 만든다.

---

5   창세기 3:5 '너희가 그것을 먹는 날에는 너희 눈이 밝아져 하나님과 같이 되어 선악을 알 줄 하나님이 아심이니라'

아담과 하와의 선악과 사건은
하나님의 말씀을 가벼이 여기고
하나님과 같이 되기 위해 도전했던
먼 옛날 사탄의 반역 사건과 다름이 없기 때문이다.[6]

사탄은 하와의 안일한 생각과는 다르게
하나님의 말씀에 무게를 경험했으므로
선악과를 먹는다면 반드시 죽는다는 것을 알고 있었다.

그러므로 사탄은 인간에게 선악과를 먹임으로
인간을 영원히 세상에서 없애고 싶었다. 죽이고 싶었다.

하지만 인간은 자신들처럼 심판은 받았으나
곧바로 죽지 않았고
맨 처음 거짓 유혹으로 넘어뜨렸던 만만했던 하와가
900년을 넘게 살면서 인간을 엄청나게 많이 낳는 것을 보게 된다.

6　이사야 14:13~14 '네가 네 마음에 이르기를 내가 하늘에 올라 하나님의 뭇 별 위에 내 자리를 높이리라 내가 북극 집회의 산 위에 앉으리라 가장 높은 구름에 올라가 지극히 높은 이와 같아지리라 하는도다'

절대 선인과 절대 악인이 있는가?

인간의 선이 온전할 수 있는가?
자비와 선행을 하는 인간은 하나님 앞에서 선한가?
인간의 의는 더러운 옷과 같다고 성경은 말씀하신다.(사64:6)
또 아무런 양심의 가책이나 후회 없이 악을 행하는 사람이 있을까?

내가 하고 싶은 말은
인간이 갈등하는 범주를 넘어서는 범죄와 악에 대한 것이 아니다.
성경은 인간의 실수와 허물의 범위를 넘어서는 죄악에 대해서
정의하고 기록해 놓으셨다.[7]

그렇다면 절대 선이신 하나님과 절대 악인 사탄 사이에서
인간 된 내가 설 자리는 어디인가.

인간은 끊임없이 죄를 짓는다고 성경은 말씀하신다.
그런데도 하나님은 인간을 사랑하신다.
그래서 하나님께서는 인간의 죄와 악을 위해
속죄의 십자가의 길을 열어 놓으셨다.

이것을 정리해보면
이 세상에는 절대 선과 절대 악 사이에 죄인이 있고
아담의 범죄 이후
절대 선과 절대 악 사이의 저울추는 절대 악 쪽으로 기울어져 있다.
그리고 죄인은 구원받지 못한 죄인과 용서받은 죄인이 있으며

---

7   마태복음 12:32 '…누구든지 말로 성령을 거역하면 이 세상과 오는 세상에서도 사하심을 얻지 못하리라'
    히브리서 6:4~6 '한 번 빛을 받고 하늘의 은사를 맛보고 성령에 참여한 바 되고 하나님의 선한 말씀과 내세의 능력을 맛보고도 타락한 자들은 다시 새롭게 하여 회개 하게 할 수 없나니…'

이 용서는 그리스도의 십자가의 공로로 가능하다.

의인은 없다. 하나도 없다.(롬3:10)

그저 주의 말씀을 따라 살기 위해 노력하는 것이다.

우리는 그저
예수님을 믿고 선한 말씀대로 따라가려는 것뿐.
우리는 결코 절대 선인이 될 수는 없다.
성령의 인도를 받으며
예수님을 닮아 사랑하고 선해지려 노력하는 것이다.
인간은 모두 죄인이므로.

그러므로 그리스도 앞에서 용서받지 못할 죄인이 없고
또 십자가 외에 죄에서 구원받을 다른 방법은 이 세상에 없다.

다른 이로써는 구원을 받을 수 없나니
천하 사람 중에 구원을 받을 만한 다른 이름을
우리에게 주신 일이 없음이라 하였더라

(사도행전4:12)

마음

한국 사람들이 그렇게 술을 많이 먹는 이유는
아마도 마음을 풀어내지 못하고 쌓인 감정이 많아서일 것 같다.
머리가 좋고 할 일은 많고
공적이고, 이성적이고, 논리적이고, 사실적으로 처리해야 할 일들이 널려 있으니까.

하지만 신을 만나는 순간은
지극히 감정적으로 된다.
한 번도 울어본 적 없었을 것 같던 사람이 꺽꺽거리는 모습을 많이 봤다.
웃는 사람도 봤지만 거의 통곡하면서 울었다.

그런 모습을 볼 때마다
사는 건 절대 녹록지 않다는 사실이 절로 떠오른다.

이런 순간은 하나님께서 감성을 강하게 만지시기 때문에
이단이나 이상한 사람들의 접근도 많다.
그러므로 거듭나는 순간은 아이가 태어나는 것 같아서 매우 보호받아야
한다.

지금까지 경험으로 봤을 때
하나님은 감정을 중요하게 생각하신다.
살면서 다치고 상한 감정, 배반당하고 쓰라린 감정, 부끄러움, 수치, 즐거움, 행복, 기쁨….
이 감정들이 영혼의 작용과 함께 움직인다는 것을 알게 되었다.

정제되고 단련된 성숙한 감정들은 성령이 역사하시는 데 매우 유용하게 사용된다.
반면 상처받고, 죄에 오염된 감정들은 성령의 역사와 영혼에 큰 고통을 주고 성장을 강하게 가로막는다.

이럴 때 성령은 어그러지고 상처받은 우리를
예수 그리스도 앞으로
십자가 앞으로
회개로 인도하신다.

진심

진심은 결국 드러나기 마련이다.
지금은 아무도 몰라줘도
한동안 오랫동안 누구도 몰라도
하나님은 알고 계시고
그것을 사랑하는 사람들은 알고 있다.

무언가를 사랑하는 사람은
자신이 인정한 그 무언가를 누가 소중히 여기는지 금방 알아본다.

누군가를 사랑하는 사람은
그 대상을 사랑하는 사람을 놀랠 정도로 잘 알아내고
나라를 사랑하는 사람은
나라를 사랑하는 지도자를 알아보게 되어있다.

비록 불완전하고 무결하지는 않으나
사랑해서 애쓰는 것은 자연히 알게 된다.

비난도 많고 위험한 일도 많겠지만
격려하고 싶다.

깊은 진심은
많은 시간이 지나더라도
결국 사람을 감동하게 한다.

그러니
힘내세요.

84

stand up

부당한 일을 당할 때
종종 발끈한다.
분한 마음에 눈에 힘을 주고
마음을 강하게 먹는다.

하지만 신체적 피해가 없고
물질적인 손해가 별로 없다면
조금 억울하게 지나가도 크게 상관은 없다.

정말 나를 일으켜 곧추세우고 싸워야 할 때는
어려운 일이 닥쳤을 때다.

삶에 어려운 일이 닥칠 때
그 어려운 일은
나와 내 주변에 미래를 망가뜨리고
삶을 갉아먹는다.

조금 억울한 일은 그냥 지나가도 무방하다.
하지만 어려운 일을 만났을 때는 마음을 강하게 먹고
맞서야 한다.
어려운 일에 넋을 놓는다면
언제든지 삶은 추락할 수 있다.
추락한 생활은 비참하다.

죽을힘을 다해 맞섰지만
그래도 무너져 내리는 것을 막을 수 없다면
내 능력 밖에 일이라면

또 내가 하는 일이 악한 일이 아니라면

회개하며 예수님을 붙들어라.
예수님의 옷자락이 찢어질 정도로 매달려라.

예수님이 살아계시기에 기적은 존재한다.
만일 기적이 일어나지 않는다 해도
길을 열어주신다.

예를 들면
우리의 입에서 천만다행이라는 말이 튀어나올 때
그분이 돕고 계시는 것이다.

그분은
예수님의 이름을 부르며
거짓 없이 마음을 다하는 기도에 대해
책임감을 가지고 계신다.[8]

예수님은 좋은 분이시다.

---

8   요한복음 14:13~14 '너희가 내 이름으로 무엇을 구하든지 내가 행하리니 이는
아버지로 하여금 아들로 말미암아 영광을 받으시게 하려 함이라 내 이름으로 무엇이든
지 내게 구하면 내가 행하리라'

양면성

뱀같이 지혜롭고 비둘기같이 순결하라(마10:16)

이것은 세상을 살아가는 주님의 자녀들에게 주님께서 부탁하시는
성도의 양면성이다.
당부요 걱정이다.

주님이 주신 것들을 잘 지키고 빼앗기지 말아라.
내 소중한 것들을 잘 지키고 잃어버리지 말아라.

나는 성도들이 사회로 나갈 때
선량하고 착한 주님의 말씀을 지키고 살되
남들이 절대 속이거나 사기 칠 수 없도록 영리해지라고 말한다.

물론 어렵겠지만
순수하고 강단 있고 주관 있고 현명할 것.

이것은 겉과 속이 다른 이중성과 다르다.
두 가지의 모습을 모두 가지고 있는 양면성이다.

부디 어리숙해서 주님의 속을 썩이지 않기를
항상 노력해야 한다.

내가 너희를 보냄이 양을 이리 가운데로
보냄과 같도다 그러므로 너희는 뱀 같이
지혜롭고 비둘기 같이 순결하라

(마태복음10:16)

사기

큰 사기꾼은 밖에서 사기를 치고
작은 사기꾼은 주변에 사기를 친다.

주변이라고 하는 것은
가족, 친척, 친구, 지인 등이다.

크나 작으나 사기꾼들은 특징은
이기적이고 욕심이 많다.

큰 사기꾼들은 능력도 있고 부지런하지만
대부분은 게으르고 능력도 별로 없는 경우가 많다.
그러나 자기의 능력 밖의 것을 탐해서 다른 사람을 속이고 빼앗는 것은
같다.

살다가 보니 멀쩡하다가
상식선에서 이해 불가능한 행동을 하는 사람들이 있었는데
이런 경우 두 가지 중의 하나였다.

상처 많은 고된 인생을 살았거나
이기적이거나.

그런데 대부분은 이기적인 사람들이었다.
이기적인 사람들은 평소에는 괜찮다가도 자신에게 손해가 되는 순간이
오면 단순해진다. 오직 자신을 위해서 모든 것을 결정한다.

이기심이 강할수록 강도가 더 강해진다.
어떤 사람은 다른 사람이 망해도 죽어도 상관없는 사람이 있는데

이런 극단적 이기심을 가진 사람들이
자신과 잘 아는 주변 사람들에게도 사기를 칠 수 있다.

겁이 많다고 해서 좀 양심적일 거라는 생각은 하지 말아야 한다.
자신을 아끼고 사랑하는 사람들,
어제까지만 해도 같이 웃고 울었던 사람들에게
한순간의 필요 때문에 속일 수 있는 사람이라면
어떤 양심을 기대하는가.

'아니, 사람의 탈을 쓰고 어떻게 이런 짓을 하느냐'라고 통탄하기 전에
조심하고 영리하게 행동하는 것이
서로 죄를 짓지 않게 할 수 있는 방법이 되기도 한다.

여하튼
이기적이고 욕심이 많은 사람은
조심하는 게
사는데 덜 피곤하다.

선(善)과 악(惡) 4

하나님은
다른 신을 섬기지 말라고 하셨다.

하지만 사탄은
하나님만 섬기는 것을 조롱한다.
사탄은 하나님 외에도 많은 종교와 신이 있으므로
다양한 종류의 구원을 믿고 존중하지 않으면 무식한 것이라고 힐난하며
착각하게 만든다.

사탄은
예수 그리스도는 정말 있었는지도 알 수 없는 신화 같은 존재로
그분을 따르는 사람들은 겉과 속이 다른 귀찮은 파리처럼 하찮게
세상 물정 모르는 답답한 사람들로
무가치한 웃음거리로 만든다.

만일 예를 들어 우리가 양심과 계명을 따라 부모를 공경하려 한다면
사탄은 우리의 생각 속에 부모를 공경하는 것은 불편한 것이며
부모를 공경하지 않아도 아무런 잘못이 아니라는 생각을 하게 만든다.
사탄은 그것이 옳다고 생각하기 때문이다.
사탄은 부모와 같은 하나님께 이미 반역하지 않았는가.

그러나 양심이 작용하는 보통의 사람들은 비록 자신을 행복하지 못하게
한 부모일지라도, 때로는 자신을 괴롭게 한 부모라도 이해하려고, 최소
한 미워하지 않으려고 노력한다.
보통은 자신이 잘 공경하지 못하면 죄송한 마음을 갖는다.
그러나 사탄은 인간이 아니므로 이런 인간의 감정은 귀찮은 것들이다.

선(善)과 악(惡) 5

하나님께서는 살인하지 말라, 간음하지 말라, 도둑질하지 말라, 거짓 증거하지 말라, 남의 소유를 탐하지 말라고 하시지만(출20:13~17)
사탄은 필요하다면 살인할 수도, 간음할 수도, 도둑질할 수도 있으며
거짓말이나 시기, 질투, 욕심은
대부분 아니 모든 사람이 그렇게 산다고 이해시킨다.

선악과를 인간에게 먹인 사탄의 본성은 변하지 않는다.
그리고 죄의 본성은 그것을 따를 수 있도록 우리를 자극한다.

위의 내용과 같은 이야기가 없는 영화나 드라마를 본 적이 있는가?

가정은 영적으로, 사회적으로 매우 중요하다. 그러나 영화나 드라마 속에서 꼭 한 명 이상씩 등장하는 정말 이기적이고 악한 부모들이 있다. 그들의 등장만으로도 부모의 권위는 날마다 땅으로 떨어진다. 그리고 그런 부모에게 함부로 대하는 배우들의 대사가 아이들에게 학습된다.

성적 범죄나, 거짓도 마찬가지다.
인간이 죄에 익숙해져서 당연시하게 되면
선은 더 이상 선이 아니고 악은 불의가 아니게 된다.

선과 악을 구분할 수 없다.

선악을 모르던 인간이
선악과를 먹음으로 선악을 구별하게 되었으나
악을 알게 된 인간이 선보다 악을 좋아하게 되므로
선악을 구분할 수 없는 지경에 이르게 되면

인간의 지각에 비참한 퇴보로 인해
내려질 결말은
멸망이다.

그리고 심판이다.
개인과 사회는 무너질 것이다.

음란

하나님께서는 인류의 번성과 유지를 원하셨다.(창1:28)
성경에는 인간에게 주어진 성(性)에 대한 분명한 목적이 쓰여 있다.

하지만 또 성은 인간에게 즐거움과 쾌락, 정서적 교감이라고도 표현되
고 사람에게 절대적인 쾌락과 기쁨을 준다.

그러기에 현대는 돈벌이 수단으로도 사용되고 있고,
상업화된 것이 사실이다.
핸드폰 속에서, 화면들 속에서 쉽게 음란을 접할 수 있다.

그러나 쾌락의 용도로 사용되는 성은
인간의 정서를 파괴하고 매몰시킨다.
성경은 남녀의 혼인 관계를 제외한
모든 성적인 행위를 간음으로 규정한다.(신22:22~30)
예수님께서는 여자를 보고 음욕을 품는 것도 간음이라고 하셨다.(마5:28)

하지만 음란의 유혹으로부터 자유로울 수 있는 이가 있을까?
있다면 몇이나 있을까?
존경스러울 뿐이다.

음란을 받아들이면
개인은 피폐해지고
가정은 불행해지며
신앙은 망가지고
천국은 묘연해지며
나 자신은 하나님 앞에 초라해지더라.

한 가정과 개인이
음란에 넘어지면 결국 가난이 찾아오는 것을 주변에서 많이 봤다.

가장 슬픈 것은 삼손처럼 하나님의 영이 떠나신다는 것이다.
그래서 다윗은 시편에서 성령이 자신을 떠나지 않으시기를 기도하고 기
도한다.(시51편)
성적인 범죄에 대한 하나님의 분노는 분명하시기 때문이다.

성경을 살펴보면 성적 타락을 싫어하시는 하나님의 성품을 쉽게 찾을 수 있다. 그래서 사탄은 쾌락으로 인간을 매몰시키는 동시에 하나님의 심판과 진노를 받도록 덫을 놓는다.

나도 모르게 음란한 사회에 점점 익숙해져서 '요즘은 다 그래'라는 생각을 가지게 하고 인간에게 성적인 죄악이 가득 차게 만들어 하나님의 분노를 끌어내고자 하는 것이다.

말씀이 불편하다고
하나님의 말씀을 바꾸려고 하지 말고
나를 바꿔야 한다. 그래야 산다.

물고기는 물속에서 살지만
물이 물고기 몸속에 들어오면 죽는 것처럼
그리스도인은 세상 속에 살지만
세상이 영혼 안에 들어오면 망가져 죽고 만다.

나와 이 글을 읽는 모두가 주님 앞에서 음란을 회개하고
정결한 사람으로 살 수 있기를 진심으로 소원하며 기도한다.

착한 척

인간의 오만함 중에 '착한 척'이 있다.
마치 하나님보다 선하다는 듯
사랑이 많다는 듯
자기 생각대로 하나님을 만들어낸다.

앞서도 말했듯이 인간의 선은 가변적이다.
사회적이고 때로는 이기적이다.

그러나 하나님의 말씀은 영원하다.[9]
변하지 않는다.

성경의 말씀을 편식하지 말아야 한다.

성경은 분명히 말한다.

동성애는 죄다.(롬1:26~27)

하나님께서 세상을 창조하실 때 이미 선과 악은 규정되어 있었다.(창3:22)
그 누가 하나님의 판단보다 선할 수 있다는 것인가.

하나님께서 말씀하시는 선은 성경에 쓰여있다.

---

9   이사야 40:8 '풀은 마르고 꽃은 시드나 우리 하나님의 말씀은 영원히 서리라 하라'

선(善)과 악(惡) 6

사탄은 항상 똑같다.
매우 열심히 쉬지 않고
심판이 정해진 자신의 시간을 늘리기 위해 일한다.

그리고 밤낮으로 인간을 참소한다.
욥의 사건에서 경건한 욥을 칭찬하신
하나님 말씀에 오류를 찾아내기 위해 땅을 돌아다니며 욥을 참소했던
것처럼,(욥1:6-12, 계12:10)

사탄은 지금까지
인간의 마음과 생각이 하나님을 잊게 만들고
하나님의 말씀을 거짓으로 여기며
하나님처럼 되기 위해 하나님을 의심하고
하나님께 도전하면서 원망하며 살게 만들었다.

그들은 하나님 창조의 아름다운 질서를 파괴하고
주님과 인간의 관계를 단절시키고
주의 뜻과 계획이 이 땅에서 이루어지지 않도록 훼방한다.

선악과 사건에서 사탄이 원했던 것은
하나님의 형상대로 창조된 인간에게서 하나님을 빼앗고
하나님에게서 하나님의 형상대로 창조된 인간을 빼앗는 것이었다.(롬8:7)

그리고 인간이 하나님을 벗어나 사탄 곧 자신처럼 사는
자신과 같은 생각을 가진 존재,
하나님을 닮은 존재가 아닌 자신과 닮은 존재로 만들고 싶어 했다.
그리고 사탄은 실제로 많은 승리를 거뒀다.

선악과를 먹어서 원죄를 품은 인간은 죄에 고통받으며
사탄을 닮은 존재들이 되어가고 있었다.[10]

예수님께서는 이 굴레를 끊으려고 이 세상에 오셨다.

---

10   요한복음 8:44 '너희는 너희 아비 마귀에게서 났으니 너희 아비의 욕심대로 너희
도 행하고자 하느니라…'

이기심

우리가 이기적일수록 예수님에 대한 이해도가 낮아진다.
예수님은 성품 자체가 이타적이시기 때문에
이기적일 경우 예수님이 하시는 모든 일들이 낯설다.

예수님의 말씀과 생애, 사역 외에도
성령의 역사하심의 목적이나 결정, 사고하시는 방식을 받아들이기가 어렵다.(막3:2~4)

그래서 성경을 바르게 이해하지 못하고 하나님에 대해 오해하는 경우가 많다.(마22:29)
자기 나름대로 이해가 되는 범주 안에 하나님을 집어넣는 것이다.
다른 것은 용납할 수 없다.
이런 경우 하나님을 이해할 때 또 하나님과 교제할 때 가장 중요한 기준은 자신에게 주어질 이익이다.

오직 하나님이 자신을 향해 무한히 이해하고 사랑해 주시기만을 원하기 때문에 결과적으로 하나님과 정상적인 인격적 상호 교제는 힘들고
한쪽에서 쏟아붓는 방식으로 관계가 이어진다.

인간관계에서 이런 상황이 벌어지면 결국 결별하고 헤어지기 마련이지만 하나님의 무한하신 사랑하심과 희생하심으로
상호교류가 전혀 되지 않는 상황이라도 관계는 지속된다.

자신이 생각하기에
왜 나는 늘 주님과 가까워지지 않는가를 고민하는 사람이 있다면
이 부분을 고민해 보기를 권한다.

본심

어릴 때부터 마음으로 기도해야 한단 말씀을 많이 들었다.
진심으로 하는 기도에 예수님께서 응답하신다는 말씀도 많이 들었다.

그러나 어지간히 간절하게 기도해도 응답은 잘 없었다.

하지만 마음 저 깊은 곳에 있는 솔직한 내 마음, 내 본심
그것을 그저 솔직하게 꺼내놓는 것만으로도 예수님께서 움직이시는 것을 알게 되었다.

화려한 수식어가 필요하지 않았다.
그저 비참할 만큼 솔직하게 죄를 회개하는 것.
그리고 초라할 만큼 솔직하게 나의 마음을 말씀드리는 것.
그리고 진심으로 간절하게 고개를 숙여 도움을 구하는 것.

내 본심이 아름답든지, 그렇지 않든지
주님과의 대화 속에서 가장 중요한 것은
솔직한 나의 마음을, 진실을 담아 말하는 것이었다.

경험상
내 본심을 정직하게 아뢸 때
그 기도는 항상 주님께 아뢰어졌다.

예를 들면 이렇다.

"예수님
 저는 예수님을 정말 열심히 사랑하고 섬기며 살았습니다.
 핍박도 많이 받았고, 어려움 속에서도 신앙을 포기하지 않았습니다.

그런데 사실 저의 마음속에서 제가 원했던 것은 예수님이 아니라
행복하게 사는 것이었나 봅니다.
예수님을 믿으면 고난은 지나가고 언젠가 행복하고, 인정받고, 건강
하게 살 수 있다고 하니까 예수님을 믿었던 것이었나 봐요.
지옥 가지 않고 천국 가고 싶어서.
맞아요. 저는 마음 아프지 않고 고통스럽지 않게 세상 속에서 행복하게
살아보고 싶었습니다.
저는 그리 거룩하거나 괜찮은 사람이 아닙니다. 주님"

물론 내 이야기다.

3 장

오직 주만

공통점

이슬람, 여호와의 증인, 몰몬교, 신천지, 하나님의 교회, 신앙촌, JMS, 통일교 등등
기독교 이단들의 공통점은
그 교주들이 전부 예수 그리스도의 자리에 앉아 있다는 것이다.

그들은 대부분이 재림 예수를 자칭하지만
그렇지 않다고 해도
거의 모양새가 비슷하다.

성부와 교주가 있고, 교주가 부리는 성령이 함께 있다.
때로는 성령도 자기라고 말하는 독한 종자도 있다.

십자가의 공로를 훔치고
주님의 하늘과 땅의 영광을 탐내는 것이다.[11]

---

11   요한복음 10:10 '도둑이 오는 것은 도둑질하고 죽이고 멸망시키려는 것뿐이요…'

이유

앞에서도 언급했듯이
교주들은 예수 그리스도의 영광을 탐내는데
사실 인간은 예수 그리스도의 영광이 정확히 뭔지도 모른다.

그것을 정확히 아는 존재는 하나님이 창조하신 영적인 존재인 천사들.

그리고 천국에서 그룹(겔28:16)의 영광을 가졌었지만
하나님께 반역하여 영광을 빼앗기고 쫓겨난 존재
'사탄'

사탄은 항상 그리스도가 미치도록 질투 난다.[12]

---

12 누가복음 4:5~7 '마귀가 또 예수를 이끌고 올라가서 순식간에 천하 만국을 보이
며 이르되 이 모든 권위와 그 영광을 내가 네게 주리라 이것은 내게 넘겨 준 것이므로
내가 원하는 자에게 주노라 그러므로 네가 만일 내게 절하면 다 네 것이 되리라'

목적

사탄은 예수님께서 십자가에 달려 흘리신 피의 공로가 인간에게 닿지 않게 하고자 한다.
수단과 방법은 가리지 않는다. 모든 방법을 다 동원한다.
종교, 과학, 정치, 문화, 교육, 방송 등등.

특히 요즘 학계에서 이슈인 진화론적 창조론, 유신진화론은 매우 위험한 예이다.

과학에 대해 잘 알지 못하는 내가 보기에도
다른 차원의 우주가 있다는 가정하에 각각의 다른 그리스도가 있고, 아담은 진화적 인물이며 하나님께 선택받은 존재라는 가설은
똑똑한 사람들을 바보의 구렁텅이에 모아놓고 논리적으로 해석하고 정의를 내려 받아들이라고 억압하는 독재자 같다.

그런 가설들 속에서 그리스도는
우주의 한 부속물로밖에 느껴지지 않는다.
이 기계 저 기계 속에 꼭 들어가야 하는 나사못 같은 존재.

예수님이 꼭 필요하지만 중요하지 않은 부품이라니.

허물과 죄로 죽었던 우리를 살리신
그리스도 예수의 피.

그 피의 이유와 의미를 정면으로 부정하는 것은
사탄의 일이다.

사탄은 예수님의 대속의 은혜를 훼손하고, 인간에게서 그리스도를 빼앗

는 일에 정말 진심이다.

사탄이 이렇게 그리스도 예수를 믿지 못하게 집착하는 이유 중에는 인간의 지위와 관련된 것도 있다.

자신들은 타락하기 전 천국에 있을 때
하나님께 사랑받으며 천사로서 섬기는 일을 했었는데

그리스도의 대속으로 용서받은 인간은
천사들의 섬김을 받을 수 있게 되었다.[13]

부활하시고 승천하신 예수께서 다시 재림하실 때
이 지구에서 인간의 역사가 모두 끝난 이후에는
거룩한 성도들은 어린양의 신부가 된다고 성경에 기록되어 있다.
어린양의 신부라는 것은
하늘과 땅의 모든 권세를 가지신[14] 신의 신부라는 것이다.

절대적인 권력과 권세를 얻고자
아버지 하나님께 반란을 일으켰던 사탄이 보기에
선악과를 먹고 타락한 인간의 말로라고 하기에는
그리스도를 통해 얻게 되는 인간의 지위가 너무 높다.

그래서 사탄은
그리스도의 나심과 십자가 대속은 막지 못했으나
인간이 그리스도에 십자가의 은혜와 만나는 것이라도 막고자
총력을 다하는 것이다.

---

13   히브리서 1:14 '모든 천사들은 섬기는 영으로서 구원 받을 상속자들을 위하여 섬기라고 보내심이 아니냐'
14   마태복음 28:18 '…하늘과 땅의 모든 권세를 내게 주셨으니'

순서

먼저는 사람이 예수님을 절대 알지 못하도록 만든다.
둘째는 예수님을 알게 되어도 믿지 못하게 만든다.
셋째는 예수님을 믿어도 어떻게 해서라도 절대로 십자가를 만나지
못하게 만든다.
넷째는 십자가를 만나도 타락하게 만들어 우상을 섬기게 한다.[15]

사탄은 기본적으로
인간을 예수 그리스도와 떨어뜨리는 것에 사력을 다하고
그리스도를 따라 장성하게 자라는 자(엡4:13)들
또 주님께서 거룩한 계획으로 부르신 자녀들을
사활을 걸고 죽이거나 망가뜨리려 한다.(출1:22, 벧전5:8~9)
이들은 심지어 예수님에게도 그런 짓을 했다.(마2:16, 요13:2)

사탄이 인간과 하나님의 사이를 이간질하는 방법 중
가장 어이없는 것은
말씀, 곧 성경의 말씀을 가지고 현혹하는 것이다.(마4:6)

15　고린도후서 4:4 '그 중에 이 세상의 신이 믿지 아니하는 자들의 마음을 혼미하게
하여 그리스도의 영광의 복음의 광채가 비치지 못하게 함이니 그리스도는 하나님의 형
상이니라'

기독교

한자로 기독(基督)이란
그리스도의 음역어, 한자어 표기이다.

다시 말해서
기독교란 그리스도교.

그러므로 기독교라고 이름 붙은 모든 교회 안에서
그리스도를 아무리 강조해도 전혀 이상한 것이 없다는 말이다.

그리스도 예수께서 교회의 시작이시며
교회의 주인이시며
교회의 머리이시다.(골1:18)

모든 교회와 개인과 가정은
십자가의 공로로 인간을 구원하시는 예수 그리스도에게로
돌아가야 한다.

만물이 그에게서 창조되되
하늘과 땅에서 보이는 것들과 보이지 않는 것들과
혹은 왕권들이나 주권들이나 통치자들이나 권세들이나
만물이 다 그(예수님)로 말미암고 그를 위하여 창조되었고
또한 그가 만물보다 먼저 계시고 만물이
그 안에 함께 섰느니라

(골로새서1:16~17)

사탄 1

이 세상에서 가장 성경을 신뢰하고 믿는 무리는
단연코 사탄과 마귀이다.

사탄은 성경에 대해 지독할 만큼 빠삭하다.
그러기에 영적 전투에 있어서 그냥 성경의 말씀을 중얼거리며 암송하는
것은 아무런 힘이 없다.
하나님의 말씀에 대한 강력한 믿음과 성령이 함께 하셔야만 한다.

사탄은 인간이 성경을 무시하고 가볍게 여기게 만들지만
자기들에 파멸의 결과가 담겨 있는 성경의 예언에 대해 사탄은 늘 곤두
서있다.

그리고 성경에 예언된 그 때와 시기에 대해서 늘 연구하고
자신들에 파멸의 심판을 지연시키기 위해서 사력을 다한다.(계12:12)

왜냐하면 그 시기와 날짜는 오직 하나님만 아시기 때문이다.[16]

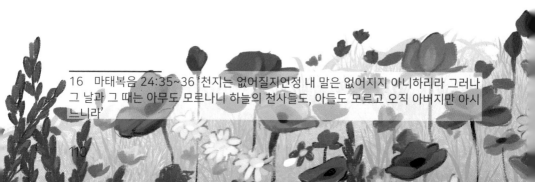

---

16 마태복음 24:35~36 '천지는 없어질지언정 내 말은 없어지지 아니하리라 그러나
그 날과 그 때는 아무도 모르나니 하늘의 천사들도, 아들도 모르고 오직 아버지만 아시
느니라'

사탄 2

그들은 쉬지 않는다.
오랜 전투에 우리가 지쳐도, 사탄은 절대 지치지 않는다.
사실 인간이 상대할 수 있는 존재가 아니다.

그들이 하나님의 자녀를 상대하는 방법은 고정적이지 않으며
무엇이든 어떤 것이든 할 수 있다. 그들이 못 할 짓은 없다.[17]
방법이 너무나 다양하기에 나열도 불가능하다.

사탄은 늘 회의한다.
한 영혼과 가정과 교회를 무너뜨리기 위해서
엄청나게 많은 회의를 한다.
사탄의 계획은 바로 실행되는데 그 속도가 엄청나게 빠르다.

반드시 예수님과 성령의 인도를 받아야만 상대할 수 있다.
오직 그리스도의 이름과 보혈을 의지하고서만 가능하다.

17 데살로니가후서 2:9 '악한 자의 나타남은 사탄의 활동을 따라 모든 능력과 표적
과 거짓 기적과'

십자가의 도

유대인은 성부 하나님을 섬기는 유다 공동체이고
가톨릭은 기독교라고 말하며 표면적으로 삼위일체를 말하지만
성모와 그리스도, 성인을 섬긴다.
그들은 전통과 교리를 중시한다.

그러나 기독교는 말 그대로 예수 그리스도의 교회다.

예수 그리스도를 잃어버리는 교회와 성도는
자신도 모르게 자꾸
유대인의 관습에서
가톨릭 같은 전통과 교리에서 나름의 영성을 찾으려고 한다.
그리고 그것을 거룩함과 하나님을 알아가는 지식이라고 생각한다.

그러나 그것은 하나님께 열심히 있으나 올바른 지식을 따르는 것이 아
니다.(롬10:2)

기독교인은 예수 그리스도에 십자가의 도가 그 중심에 있어야 정체성이
확립된다.
그것은 성령께서 증거가 되시며 가르치신다.[18]

이 정체성이 없으면 성도는
유대인인지 천주교인인지 알 수 없는 모호한 지점 어딘가를 배회하게
된다.

---

18   사도행전 1:8 '오직 성령이 너희에게 임하시면⋯ 내 증인이 되리라 하시니라'

오직 그리스도가
길이요 진리요 생명이시다.(요14:6)

우리를 대속하신 그의 피에 공로가 어떤 것인가를 사무치게 깨달을 때
그 예수님을 세상 그 무엇보다 사랑하고 섬길 때
영적인 힘을 예수님께 부여받아 세상을 이기는 성도가 될 수 있다.[19]

19 요한1서 5:4~5 '무릇 하나님께로부터 난 자마다 세상을 이기느니라 세상을 이기는 승리는 이것이니 우리의 믿음이니라 예수께서 하나님의 아들이심을 믿는 자가 아니면 세상을 이기는 자가 누구냐'

말씀의 기초

너희가 성경에서 영생을 얻는 줄 생각하고 성경을 연구하거니와
이 성경이 곧 내게 대하여 증언하는 것이니라
(요한복음5:39)

성경의 핵심은 그리스도 예수다.

이 닦아 둔 것 외에 능히 다른 터를 닦아 둘 자가 없으니
이 터는 곧 예수 그리스도라
(고린도전서3:11)

신앙의 기초는 예수 그리스도다.

구원

하나님은 죄로부터 인간을 구원하신다.

구약에서
인간은 양과 염소의 피로 죄를 용서받을 수 있었다.
그러나 항상 드려져야 하는 제사였고, 영원하지 않았다.
제사장마다 매일 서서 섬기며 자주 같은 제사를 드리되 이 제사는 언제나 죄를 없게 하지 못하거니와(히브리서10:11)

구약의 제사는 양심을 온전하게 할 수 없었다.
… 예물과 제사는 섬기는 자를 그 양심상 온전하게 할 수 없나니(히브리서9:9)

죄가 제거되거나 파괴되지 않았다.
이는 황소와 염소의 피가 능히 죄를 없이하지 못함이라(히브리서10:4)
그저 용서받는 것이었다.

그러나 예수님께서는 죄 자체를 없애신다.
그가 우리 죄를 없애려고 나타나신 것을 너희가 아나니 그에게는 죄가 없느니라(요한일서3:5)

우리의 양심을 깨끗하게 하신다.
흠 없는 자기를 하나님께 드린 그리스도의 피가 너희 양심을 죽은 행실에서 깨끗하게 하고(히브리서9:14)

그래서 우리가 예수님의 피의 공로로 구원을 이루어 가며 그리스도의 장성한 분량까지 성화되어 갈 수 있게 되는 것이다.
… 나 없을 때에도 항상 복종하여 두렵고 떨림으로 너희 구원을 이루라
(빌립보서2:12)

다시 정리하면
구약에서는 제사를 통해서 단지 죄를 용서받을 뿐이었고
신약에서는 예수님께서 죄를 사하시며 죄 자체를 없애주신다.

그러나 그럼에도 인간은 죄를 짓는다.
오랫동안 죄의 습관을 따라 살며 죄를 좋아하던 인간이
그리스도와 성령의 법에 의해 죄와 사망에서 해방되었음에도
성령님의 탄식과 내 영혼의 거부를 뒤로하고
다시 옛사람에게 이끌려 실수나 고의로 죄를 짓는 것이다.[20]

인간의 영원한 구원에 대한 성부 하나님의 계획을
예수님께서 성취하셨다. 대속, 속죄는 예수님의 고유 권한이다.
예수님의 대속에 피 흘리심이 없으면 구원이 없다.
더 이상 양과 염소의 피로 인간의 죄를 씻지 못한다.
그리고 구원의 주체는 예수님이시다.
내 살을 먹고 내 피를 마시는 자는 영생을 가졌고 마지막 날에 내가 그를
다시 살리리니 (요한복음6:54)

그분은 완전하신 하나님, 완전하신 인간이시다.
완전한 인간이시기에 인간에 대해 너무나도 잘 아신다.
그러기에 그분의 결정과 판단은 완전하시다.

그 누가 하나님의 구원 결정을 안다고 말하겠는가.

구원은 이단들이 말하는
성경에 프로그래밍 되어있는 게임 같은,
맞아떨어지는 퍼즐이 아니다.

---

20 시편 19:13 '···또 주의 종에게 고의로 죄를 짓지 말게 하사 그 죄가 나를 주장하
지 못하게 하소서'

성장

성도의 신앙적 성숙이나 은사는
성령의 조명하심의 정도에 따라 결정된다.
인간의 노력으로 되는 것이 아니라 전적인 하나님의 은혜다.

성도가 주님의 말씀에 순종하여 생활할 때
(말씀과 기도, 전도, 성도의 사랑과 교제 등)
하나님의 시혜(은혜를 내려주심)로
은혜를 받을 수 있는 것이다.

울고 원한다고 성장하는 것이 아니다.
영적인 성숙은 천국에서 얻을 영광과 바로 이어지기 때문이다.

오로지 하나님의 결정이시며 그분의 이끄심이다.
인간이 한 번도 가보지 못한 영적인 성숙이라는 길은
사람이 설명한다고 해도 이해되지 않고
가르친다고 해서 배울 수 있는 것이 아니다.

오로지 성령의 조명하심으로만 깨달을 수 있고
갈 수 있는 길이다.

오직 자라게 하시는 이는 하나님이시다.[21]

---

21 고린도전서 3:7 '그런즉 심는 이나 물 주는 이는 아무 것도 아니로되 오직 자라게 하시는 이는 하나님뿐이니라'

성령

성령님께서는 예수 그리스도의 믿음의 터 위에 신앙을 가진 자와 일하기를 원하신다.
아주 강력하게 원하신다.
예수 그리스도에 십자가의 공로를 통하지 않은 성령의 사역은 가짜다.
왜냐하면 성령의 사역은 예수 그리스도를 증거하시는 것이기 때문이다.

일부의 사역자들은 예수 그리스도의 자리에
성령님을 앉히는 경우가 있다.
이것은 잘못된 것이다.
구원과 회개, 속죄, 사탄과의 영적 전쟁,
이 모든 것은 예수 그리스도에 십자가의 사건으로부터 출발한다.

성령은 하나님이시지만 이 지상에서 성령님 사역의 주된 목적은
예수 그리스도를 전하시는 것이다. 방법은 다양하다.

내가 아버지께로부터 너희에게 보낼
보혜사 곧 아버지께로부터 나오시는
진리의 성령이 오실 때에
그가 나를 증언하실 것이요

(요한복음15:26)

성경해석

성경을 퍼즐 맞추듯이 논리로 해석하는 것을 주의해야 한다.
성경의 해석은 성령께 의지해야 한다.(딤후3:16)

성경을 인간적인 논리로 해석하는 이들은
자신의 교리를 만들기 쉽고
결코 하나님에 진리의 근원에 이르지 못한다.

성경의 저자는 하나님이시기에
물리적인 인간의 사고와 논리는
신의 인지와 마음을 헤아리는 것에 한계가 있고
성경 속에 인간을 향한 주님의 뜻의 경중을 정확히 구분할 수 없다.
하나님께는 너무나 평범한 영적 4차원의 세계가 인간에게는 신비롭기
만 하다.

그리고 사실 사람은
이 영화로운 세계를 경험해 본 적이 없다.

그러기에 하나님의 세계를 경험해 보지 못한 인간이
성경 속에 등장하는 하나님의 영적인 인지를
논리적으로 설명한다는 것은 불가능하다.(벧후1:20~21)

이런 사실을 이미 알고 계시는 하나님께서는
인간에게 구원을 매우 단순하게 설명하셨다.

하나님이 세상을 이처럼 사랑하사
독생자를 주셨으니
이는 그를 믿는 자마다 멸망하지 않고
영생을 얻게 하려 하심이라

(요한복음3:16)

그러므로 성경의 해석은 철저히 성령의 조명을 받아야 하며
이것은 그리스도에 보혈의 공로로만 가능하다.

오류

성령께서는 죄인들의 대속자나 구원자로 이 땅에 오신 것이 아니다.

성령께서는 예수 그리스도를 증거하는 일을 위해 오셨으며,(행1:8)
예수님께서 이루신 십자가의 대속하심이
각 개인에게 천국에 이르는 구원이 완성되도록
구원받은 사람들의 속에 임하셔서
구원을 보존시키시고
구원을 지속시키시고
구원을 전파하시는 일을 하신다.
앞서 말한 것 같이 이것을 위해 다양한 방법을 사용하신다.

성삼위 하나님께서는 각자의 주된 역할을 가지고 계신다.
그분들은 우리를 예수님께로 속죄의 십자가로 인도하신다.

앞서 말했듯이 때로 어떤 사람들은
속죄와 구원의 주체로 성부 하나님이나 성령님을 모시고 부르는 경우가
있다.

하나님이라는 명칭은 좋은 것이지만
성삼위를 함께 부른다는 생각에
하나님이라는 명칭을 자주 사용하다 보니
머릿속에서 성부, 성자, 성령의 모든 사역이 뒤섞이는 것이다.
성부, 성자, 성령 하나님의 사역이 공유되는 부분도 많지만
아주 독특하게 구분되는 사역도 있다.
예수님의 십자가의 사건이 바로 그렇다.

하지만 이것도 교회 안에 역사하는 사탄의 전략이다.

이는 교회를 영적으로 매우 약화시키고, 십자가의 정신을 퇴보시킨다.
반석 위에 짓지 않은 집은 결국 무너지고 만다.(고전10:4)

단언컨대
성부 아버지는 모든 것을 계획하시고 창조하신 창조주의 자리에
구속의 피를 흘리신 예수님은 구원자의 자리에
성부 아버지께서 예수님의 이름으로 보내신 성령(요14:26)께서는
복음과 구원의 확산을 위한 위치에서 일하신다.

예수께서 앉으실 자리에 무엇을 두었는가.
무엇을 두었든지 그 모든 것은 결국 우상이 된다.
왜냐하면 성부 하나님과 성령 하나님께서는
예수님의 고유한 사역을 하시지 않기 때문에
결국 인간이 만들어낸 무언가가 그 자리를 차지하게 되기 때문이다.

일반화의 오류

가끔 신학자들에게 말하고 싶다.

내게 은사가 없다고 세상의 모든 성령의 사역이 끝났다고 하는 것은 너무 교만하지 않은가?
내가 원수를 사랑할 수 없다고 해서
이 세상에 원수를 사랑할 사람은 단 한 명도 없다고 말하는 것만큼이나 오만한 말이다.

내가 성령을 경험하지 못했다고
때로는 나타나는 성령의 사역들이 불완전하다고 해서
성령이 주신 은사를 모두 거짓이거나 필요 없다고 말하는 것은
하나님과 성도의 관계를 끊는 일이다.

성경의 말씀은 더하거나 빼지 못한다.(계22:18~19)
예수 그리스도는 어제나 오늘이나 영원토록 동일하시고, 세상 끝날까지 우리와 함께하신다.
그렇다면 예수님께서 우리를 위해서 보내신
땅끝까지 복음을 전할 권능을 주시는 성령(행1:8)의 사역이 정말 끝났겠는가.

만일 누구든지 무엇을 아는 줄로 생각하면
아직도 마땅히 알 것을 알지 못하는 것이요

(고린도전서8:2)

교회

예수 그리스도에 보혈의 능력을 모르는 교회는
사탄의 도전 앞에서 무력하다.[22]

성령의 역사하심이 없는 교회는 사탄의 계략 앞에 무너진다.

더 나아가서 타락한 교회는 하나님의 나라와 의를 무너뜨리는 도구로
이용당할 수도 있다.

---

22   요한계시록 12:9~11 '큰 용이 내쫓기니 옛 뱀 곧 마귀라고도 하고 사탄이라고
도 하며 온 천하를 꾀는 자라…'

사탄 3

사탄은 때로
자신의 계획을 위해
삶의 평안과 안정, 성공을 가져다주기도 한다.

주 예수 그리스도로부터
영혼의 마음과 생각을 떼어 놓을 수 있다면
성장을 못 하게 하기 위해서라면
더 주님을 알지 못하게 하기 위해서라면
인간을 아무리 증오한다 해도
사탄은 인간에게 부와 명예, 안락과 건강, 행복도 줄 수 있다.
예수님께도 천하 만국을 줄 테니 하나님 대신 자신을 경배하라고 유혹
했다.[23]

사탄은 못 할 짓이 없다.
만일 내가 예수님과 멀어지고 있다는 것을 느낀다면
혹시 내가 예수님을 점점 잊어가고 있다면
나는 지금 사탄에게 속고 있다.

---

23 마태복음 4:8~9 '마귀가 또 그를 데리고 지극히 높은 산으로 가서 천하 만국과
그 영광을 보여 이르되 만일 내게 엎드려 경배하면 이 모든 것을 네게 주리라'

영적 전쟁 1

영적 전쟁은 실재이고
영의 세계에서 일어나는 것으로
현실 세계의 전쟁, 전투와 거의 흡사하다.

내가 말하고 싶은 영적 전쟁이란
관념적이거나 포괄적인 영역에서의 영적 전쟁이 아니라
사탄의 실체와 맞닥뜨리는 것을 말한다.[24]

영적 전투에서 유일한 무기는 말씀과 은사, 예수 그리스도의 보혈과 성령의 도우심이다.
그리고 또 중요한 것은 강한 심령이다.

팀을 이루는 것이 좋고, 주님께 깊게 헌신 될수록 오래 신뢰할 수 있다.

기도는 물론이거니와
성령이 임재하시는 예배와 전도도
사탄과 벌이는 실제적인 강력한 영적 전쟁이다.

이기는 자는 이와 같이 흰 옷을 입을 것이요
내가 그 이름을 생명책에서 결코 지우지 아니하고
그 이름을 내 아버지 앞과
그의 천사들 앞에서 시인하리라

(요한계시록3:5)

---

24 에베소서 6:12 '우리의 씨름은 혈과 육을 상대하는 것이 아니요 통치자들과 권세들과 이 어둠의 세상 주관자들과 하늘에 있는 악의 영들을 상대함이라'

은사 1

어릴 때 나는 그리스도를 섬기면서 영적인 세계를 철저히 무시했었다.
특히 성령의 은사인 예언과 환상, 능력, 신유 등에 대해서 매우 회의적이
었고 그 모든 것을 신비주의라 여긴 적도 있었다.
어느 날 나도 모르게 중얼거리게 된 방언은 어쩔 수 없다 치더라도 그 많
은 기도의 시간 동안 단 한 번도 카리스마적인 성령의 은사를 구해 본 적
이 없다.

이것은 일종의 두려움이었던 것 같다.
사람들이 말하는 하나님이 주시는 은사와 사탄한테서 오는 악마적인 현
상에 대해 잘 알지 못하기에 오는 두려움이었다.
나는 내 인생을 낭비하고 싶지 않았고
이상한 사람도 되기 싫었으며
사람들의 손가락질도 받고 싶지 않았다.
그러나 나는 성장하고 싶었고 더 깊은 하나님의 세계를 알고 싶었다.

그러기에 그것을 어떻게 구별할 수 있는가에 대해서 많이 고민했다.

아주 오랫동안 해답을 찾기 위해 노력했다.

은사 2 (훈련의 필요성)

만일 내가 그릇이라 한다면
그릇에 부어주시는 성령의 은혜는 완전하지만
나는 부족하므로 실수하고 모자랄 수 있다는 것[25] 을
처음부터 인정하면서
언제든 미숙한 은사 사용을 할 수 있다는 걸 알아야 한다.
나의 죄 됨과 부족함, 모자람을
항상 인정하는
정직과 겸손한 마음가짐이 꼭 필요하다.

그리고 더 완성도 높은 은사 사용을 원한다면
자신을 깨끗하게 비워야 한다.
다시 말해서 내 속에 있는 죄를 끊임없이 회개함으로 주 앞에서 정결하고, 본인의 고정관념과 가치관, 경험, 선입관 등을 말씀과 예수님의 십자가 앞에서 하나도 남김없이 버리고 나 자신을 부인하는 것.

이 과정이 은사 사용의 순도를 결정한다.[26]

그렇지만 은사 사용이 시간이 지날수록 변질되는 경우가 많은데
자신의 의지와 생각, 인본적인 가치관이 많이 개입될수록 정확도와 능력, 그리고 가치는 떨어지게 된다.

또한 세속적이고 인본적인 사고와 사탄의 가치관을 받아들이는 사람은
사탄의 도구로 사용될 수도 있다.
그러므로 성경과 하나님의 말씀을 가까이하는 삶은 매우 중요하다.

---

25   고린도후서 4:7 '우리가 이 보배를 질그릇에 가졌으니 이는 심히 큰 능력은 하나님께 있고 우리에게 있지 아니함을 알게 하려 함이라'
26   디모데후서 2:21 '…자기를 깨끗하게 하면 귀히 쓰는 그릇이 되어 거룩하고 주인의 쓰심에 합당하며 모든 선한 일에 준비함이 되리라'

은사 3

은사는 성령께서 자기 뜻대로 나눠주시는데(고전12:11)
이것은 인간의 능력을 벗어나는 영적인 카리스마를 말한다.

성도들이 하나님을 믿고
예수님을 영접한 이후 이 세상을 살아가기 위해서
세상의 임금[27] 인 사탄을 대적하기 위해서 등등
여러 가지 목적을 가지고 나누어 주신다.

복음의 확산을 위해서도 다양한 종류의 은사가 필요하다.

성령이 주신 은사는 완전한 것이지만
그릇인 인간은 한없이 모자라고 죄와 모순이 가득하니 나타나는 성령의
역사가 온전할 수 없다.

그래서 성경을 보면 엘리사처럼 이스라엘의 선지자들이 선지자 생도들
을 가르쳤다는 것을 알 수 있다.
은사들이 처음부터 완벽하고 흠이 없으면 참 사용하기 좋겠지만 한 번
도 그런 것을 본 적이 없다.
어느 정도 정확성과 전문성을 갖추기 위해서는 많은 훈련과 기도의 시
간이 필요하다.

일반적으로 욕심과 야망이 너무 많거나, 상처가 많거나, 이기적이거나
두려움이 많은 사람, 또는 벗어나지 못하는 죄를 가지고 있는 경우
은사는 오염되기 쉽다.

27　요한복음 14:30-31 '이 후에는 내가 너희와 말을 많이 하지 아니하리니 이 세상
의 임금이 오겠음이라 그러나 그는 내게 관계할 것이 없으니 오직 내가 아버지를 사랑
하는 것과 아버지께서 명하신 대로 행하는 것을 세상이 알게 하려 함이로라 일어나라
여기를 떠나자 하시니라'

오염된 은사는 성령께서 주시는 성령의 감동과 능력이 죄와 뒤섞이는
것인데 이런 경우를 흔히 볼 수 있다.
그래서 은사 사용 전에는 많은 회개와 기도가 필요하다.
또한 은사의 균형은 말씀으로 잡아야 한다.

아이들은 불완전해도
결국 사랑과 진실한 양육 속에서 장성하게 자라난다.

주의(注意)

영적인 은사와 세계를 맛보고 아는 사람 중에서
독단적이고 이기적인 사람들이 있다.

이럴 때 교만은 아주 쉽게 찾아오는 영적 질병 같은 것인데

영적인 세계를 아는 것을 자신만의 특권처럼 생각하고
연약한 사람들을 무시하는 일도 있다.
또 자신을 맹종하는 사람들을 만들고 싶어 하거나
그런 사람들을 이용해 자신의 욕심을 채우는 경우들도 있다.

은사가 아무리 정확하고 분명하게 성취된다 해도
병든 은사 활용은
사용하는 자와 듣는 자 모두가 피폐해지고
종국에는 사탄의 도구가 되기도 한다.

죄가 있는 곳에서 사탄은 무엇이든지 무슨 짓이든지 할 수 있다.

은사를 사용하는 데 있어 물질을 탐하지 않으며 믿음, 소망, 사랑의 증거
가 나타나는 것은 매우 중요하다.(고전13:13)

은사 4 (구별법)

참과 거짓, 성령과 악령을 구분하는 가장 중요한 방법이자 기준 되는 지침은 모두 알고 있듯이 성경이다.

그리고 중요한 것은 예수님의 십자가 앞으로 나가는 것이다.
그 앞에서, 보혈의 능력 앞에서 영적인 세계가 정리된다.

나의 모든 것을 비우는 훈련은
반드시 그리스도의 십자가 은혜, 보혈을 전적으로 의지하면서 이루어져야만 하며, 자신을 부인하면서 나 자신을 비운 자리에는 성령과 십자가의 은혜로 채워져야 한다.

자신의 마음과 생각, 영과 혼과 육이 하나로
예수님의 보혈을 의지하여 기도하고, 그 보혈의 공로로 은사가 주어졌음을 인지하며, 그 보혈의 주인이신 예수 그리스도께 모든 영광을 돌리면서 은사를 사용한다면 그 은사와 영적인 모든 사역은 그리스도 안에서 안전하다.

비록 실수하고 오류를 범할 수는 있지만 그리스도 안에서 더 올바르게 교정할 수 있다.

그러므로 내가 늘 그리스도의 십자가 은혜 안에 있는지를 점검하고 겸손하게 주님을 찾는 것은 매우 중요하다.[28]

28　고린도전서 2:2 '내가 너희 중에서 예수 그리스도와 그가 십자가에 못 박히신 것 외에는 아무 것도 알지 아니하기로 작정하였음이라'

반드시 사랑으로만

예수님의 보혈은 그 자체가 사랑이요 희생이며 거룩이고 능력이다.
기독교에서 가장 성스러운 것이다.

폭력과 혈기와 불신앙이 뒤섞인 광인 같은 모습으로
예수님의 피를 부르는 것은 어둠이다.

그것은 많은 사람을 상처 입히고 사탄에게 영혼들을 내어주게 된다.
소시오패스보다 더 사람들을 망가뜨린다.

예수의 피는 중요하다.
하지만 이런 식으로 사역하면 이것은 성령이 하시는 사역이 아니다.

광인 같은 모습으로 예수님의 피를 부르는
이 사람들은 심령 자체가 불안정하다.
끊임없이 비교하면서 영혼을 찢고 잔인하다.

잔인하면서 자신을 합리화한다.
이런 영에 취하면 자신은 하나님을 위해서 한다고 하지만
결국은 극단적 이기주의로 나타나고 주변에 있는 사람들을
모두 망가뜨린다.

'절대 지지 않을 거야. 반드시 이겨낼 거야. 버텨낼 거야.' 이런 생각들로
가득 차서 기 싸움을 하며 고집스럽다.

영혼에 대한 사랑과 살리려는 마음이 느껴지지 않는다.
그것은 가짜 사역이다.
영혼을 살리려는 마음
영혼을 예수님께로 인도해야겠다는 마음이 있어야 한다.
사랑이 없으면 은사와 능력이 아무리 화려해도
결국 사탄을 위해 쓰이게 된다.[29]
그런데 슬픈 것은 스스로 사탄에게 속고 있는지 모른다.

---

29 고린도전서 13:2 '내가 예언하는 능력이 있어 모든 비밀과 모든 지식을 알고 또
산을 옮길 만한 모든 믿음이 있을지라도 사랑이 없으면 내가 아무 것도 아니요'

예외

영적인 하나님의 나라를 추구하는 사람과
인본적인 세상에 만족하는 사람이 만났을 때

때로는 하나님의 사람들이
독선적이고 무섭게 느껴질 수 있다.
아니면 꽉 막히고 답답하다고 생각할 수 있다.

하나님의 사람 구별법은
결국 마지막에 '자신이 영광을 얻느냐'
'하나님의 영광을 위하느냐'에서 판가름 난다.

하나님께서는 결코 자신의 영광을 인간과 나누지 않으신다.
그러기에 사역자들을 그분의 '종'이라고 표현하는 것이다.

흘린 땀방울과 노력, 그리고 얻어낸 성취, 모든 것을
하나님의 인도하심과 일하심이라고 인정하고
하나님께 모든 환호와 영광의 왕관, 칭찬을 올려드리고
자신은 조용한 곳에서 묵묵히 본인의 길을 가는 것은 쉽지 않은 일이다.
그렇기에 참과 거짓을 구분하기 좋은 방법이다.

주의 일을 하면서
결국 자신이 영광을 받는 사람은 결국 사탄의 손쉬운 먹잇감이 된다.[30]
인본주의와 신본주의가 결코 함께 할 수 없는 것처럼
인간과 하나님이 동시에 영광을 받는 것은 불가능한 일이다.[31]

---

30 사도행전 12:23 '헤롯이 영광을 하나님께로 돌리지 아니하므로 주의 사자가 곧
치니 벌레에게 먹혀 죽으니라'
31 사도행전 3:12 '베드로가 이것을 보고 백성에게 말하되 이스라엘 사람들아 이 일
을 왜 놀랍게 여기느냐 우리 개인의 권능과 경건으로 이 사람을 걷게 한 것처럼 왜 우
리를 주목하느냐'

사탄 4

요즘 웹 미디어들을 보면 사람들이 착각하는 것이 많다.

사람들은 사탄이 인간보다 좀 더 이기적이며
자신의 목적을 위해서라면 무슨 짓이든지 할 수 있지만
능력 있고 박력 넘치는, 적당히 사정을 봐주며 질서를 지키는
시크한 존재로 생각하는데 이것은 사실이 아니다.
또 사탄을 인간의 능력을 뛰어넘는 초월적이지만
의리나 동정심을 가진 적당히 나쁜, 어딘지 모르게 친근하고 멋진
무언가로 그리는 것을 볼 수 있는데 이것은 착각이다.

사탄은 어떤 상황에서도 양심의 가책이 전혀 없으며 죄의식이 없다.
그들은 죄를 알고 자신들이 하나님을 배반했다는 것을 알지만
멈추지 않는다.
사람과 세상을 속이고 죽이고 망하게 하는 것에 대해
미안함, 동정심, 연민, 의리, 나름의 선 이런 것이 존재하지 않는다.

또 양심의 가책이 전혀 없기에 부끄러움이 없다.
인간 사회에서 사탄과 가장 닮은 모습을 찾는다면 사이코패스다.
하지만 사이코패스와도 다르다.

사탄의 선과 악은 인간의 것과 다르며
일반적인 선악의 개념이나 정의와 반대되기 때문에
사람이 이해할 수 있는 인성 밖에 존재한다.

그래서 그들은 회개가 불가능하고 그 결과 하나님의 용서가 없다.[32]

---

32   베드로후서 2:4 '하나님이 범죄한 천사들을 용서하지 아니하시고 지옥에 던져 어두운 구덩이에 두어 심판 때까지 지키게 하셨으며'

영적 전쟁 2

예수님이 오시기 전
인간이 사탄의 세력과 싸운 기록은 매우 희박하다.
구약성경 어디에도 인간이 사탄과 영적인 전투를
할 수 있다고 적혀있는 본문이 없다.
하나님의 능력은 나타났지만 싸움은 거의
하나님으로부터 보냄을 받은 천사들에 의해서
이루어졌다.(창32:2, 민22:23, 단10:13, 왕하19:35)

엘리야 역시 갈멜산에서 바알 선지자들과 싸울 때
각자의 신을 불러서 참 신과 거짓 신을 가렸을 뿐,
엘리야가 하나님께 힘을 부여받아서
바알 신을 쫓아내며
직접 대적해서 싸우지 않았다.

구약에서의 기술된 싸움은 거의 육체적인
전쟁이었다.
왜냐하면 구약시대의 인간은 사탄을 대항할
방법이 전혀 없었기 때문이다.
힘도 없었고, 자격도 없었고, 방법도 없었다.
그 시절 인간에게는
이 세상의 임금인 사탄[33]을
대항할 방법이 없었다.

33 누가복음 4:5~7 '마귀가 또 예수를 이끌고 올라가서 순식간에 천하 만국을 보이
며 이르되 이 모든 권위와 그 영광을 내가 네게 주리라 이것은 내게 넘겨 준 것이므로
내가 원하는 자에게 주노라 …'

사탄 5

사탄은 말씀처럼 두루 다니며 삼킬 자를 찾는다.
찾아 헤맨다.
사탄이 삼키고자 하는 자는 불신자만이 아니다.
열심 있는 신앙인을 무너뜨릴수록 그들의 세계에서 인정받는다.
훌륭한 종을 타락시키거나, 신실한 신앙인을 신앙에서 떠나게 만든다면
공로를 치하받는다.[34]
그들은 특히 신실한 신앙인의 가정을 망가뜨려서
지금 세대와 다음 세대 모두를 무너뜨리는 것에 집중하고 있다.

교회를 다닌다고 해서 사탄의 공격으로부터 안전할 것으로 생각하는 것은 어리석다.

사탄은 죄를 통해서 인간에게 들어오며, 종국에는 불행과 고통으로 지배한다. 한번 차지하고 들어온 인생과 가문, 자리나 권력에서는
지옥으로 끌고 갈 때까지 대대로 떠나지 않는다.
십자가의 예수 그리스도와 분리하게 만들고 십자가의 도와 반대되는 세상의 가치관과 죄를 사랑하게 한다.
마귀는 자신이 지배하는 사람이 죽어 지옥에 가면
그때 사람에게서 떠나며
자신이 지배하고 지옥에 끌고 갈 다른 이를 찾는다.[35]

약간 절망적일지라도
사실을 알고 있는 것이 좋다.
교회를 다니는 사람 중에도 사탄이 자신의 소유권을 주장하는 것을 쉽

---

34 마가복음 13:22 '거짓 그리스도들과 거짓 선지자들이 일어나서 이적과 기사를 행하여 할 수만 있으면 택하신 자들을 미혹하려 하리라'
35 베드로전서 5:8 '근신하라 깨어라 너희 대적 마귀가 우는 사자같이 두루 다니며 삼킬 자를 찾나니'

게 볼 수 있다. 사탄에게 양심을 기대하지 마라.

죄 없는 인간이 어디 있겠는가.
하지만 사탄은 죄에 기생하고 어떤 물리적인 방법과 영적인 힘으로도
떨쳐낼 수 없다.

사탄의 올무를 끊는 회개

오직 예수 그리스도로만 가능하다.
그러므로 십자가 앞에서 회개하는 것은
굴욕스럽고 창피한 것이 아니다.
죽어서 지옥까지 이어지는 사탄의 지배와 영향에서 벗어날 수 있는 유일한 방법이다.
회개를 촉구하는 것은 놀라운 주님의 은혜다.
주님의 보혈로 용서받으며 죄 씻음을 받는 것은 해방이다.
오직 주 예수 그리스도의 십자가 보혈이 우리를 자유롭게 하시며
그 보혈만이 우리를 사탄의 올무와 멍에에서 건지신다.
오직 예수!

사탄을 무너뜨리는 합법적 주체

죽으시고 부활하셔서 사망의 권세를 짓밟으신 예수님은[36]
지금도 사탄과의 전투에서
대장이시고, 작전가이시며, 사령관이시고
가장 위대한 전투력을 가지신 전사이시다.

사탄을 대적하시는 예수님의 지위와 사역은 십자가의 사건으로 합법적
이시다.
물론 성령께서도 강하게 일하시지만, 사탄의 머리를 부수시는 주체는
예수 그리스도시다.[37]

하나님의 아들이 나타나신 것은
마귀의 일을 멸하려 하심이라

(요한일서3:8)

---

36 히브리서 2:14 '자녀들은 혈과 육에 속하였으매 그도 또한 같은 모양으로 혈과
육을 함께 지니심은 죽음을 통하여 죽음의 세력을 잡은 자 곧 마귀를 멸하시며'
37 창세기 3:15 '…여자의 후손은 네 머리를 상하게 할 것이요…'

영적 전쟁 3

신약에서의 싸움은 거의 모두 영적인 싸움이다.

신약 복음서들에서는
예수님께서 사탄, 마귀를 쫓아내시는 것을 대단히 많이 볼 수 있으며
이 세상의 임금인 사탄에 대해 '이제 이 세상에 대한 심판이 이르렀으니
이 세상의 임금이 쫓겨나리라'(요한복음12:31) 라고 말씀하셨다.

신약의 복음서, 공관복음, 사도행전에는
예수님을 따르는 그리스도인과 사도들이
귀신과 직접적으로 대적하여 싸우는 내용들이 기술되어 있다.

칠십 인이 기뻐하며 돌아와 이르되 주여 주의 이름이면 귀신들도
우리에게 항복하더이다 예수께서 이르시되 사탄이 하늘로부터
번개 같이 떨어지는 것을 내가 보았노라(누가복음10:17-18)

무리가 빌립의 말도 듣고 행하는 표적도 보고 한마음으로
그가 하는 말을 따르더라 많은 사람에게 붙었던 더러운 귀신들이
크게 소리를 지르며 나가고 또 많은 중풍병자와
못 걷는 사람이 나으니(사도행전8:6-7)

바울이 심히 괴로워하여 돌이켜 그 귀신에게 이르되
예수 그리스도의 이름으로 내가 네게 명하노니
그에게서 나오라 하니 귀신이 즉시 나오니라(사도행전16:18)

심지어 많은 그리스도인에게 사탄과 대적해서 싸워야 한다고 독려하고
있다.

마귀의 간계를 능히 대적하기 위하여 하나님의 전신 갑주를 입으라

(에베소서6:11)

근신하라 깨어라 너희 대적 마귀가 우는 사자 같이 두루 다니며
삼킬 자를 찾나니 너희는 믿음을 굳건하게 하여 그를 대적하라…

(베드로전서5:8~9)

그리고 영적 전쟁에서 승리할 수 있다고 말씀하신다.

그런즉 너희는 하나님께 복종할지어다 마귀를 대적하라
그리하면 너희를 피하리라

(야고보서4:7)

영적 전사

영적 전사에게
빛의 갑옷은 매우 중요하다.[38]

예수님의 용사는 성경이 말씀하시는 전신 갑주를 입고(엡6:11~17)
주님을 따라가는 강한 믿음을 가지고
심령이 강하고 담대한 동시에
매우 기민하고 민첩하며
쉽게 긴장을 풀지 말아야 한다.

영적 전쟁의 상황은 항상 매우 조심해야 한다.

사탄에게 틈을 주지 말아야 하는데 쉽지 않다.
항상 깨어 있어야 하는데 이것도 참 어렵다.

수없이 많은 기도를 했지만 승리하지 못하는 것도 봤다.
영적 전쟁 중 신체적, 영적, 물리적인 한계에 다다를 때가 많다.
영적 전쟁은 절대 쉽지 않다.
처절할 정도로 고통스러울 때도 많다.

그때 주님께 믿음을 보여야 한다.

끝까지 예수님이 만물의 주인이신 것과 사탄의 머리를 짓밟으신 분이심
을 믿어야 한다.[39]
예수 그리스도께서 대장이 되시면 반드시 승리한다.
이것이 성도의 믿음의 방패이다.

---

38   로마서 13:12 '…그러므로 우리가 어둠의 일을 벗고 빛의 갑옷을 입자'
39   히브리서 2:14 '그도 또한 같은 모양으로 혈과 육을 함께 지니심은 죽음을 통하여 죽음의 세력을 잡은 자 곧 마귀를 멸하시며'

안타까움

일전에 있었던 한 사역자와의 만남이 기억난다.
교회를 개척해서 사역 중인 목사님이셨다.

그분은 예수님으로부터
카리스마적 십자가의 용사와 전사로 부르심을 받았다.
목회를 시작하기 전부터 그것에 걸맞게 많은 은사와 영적 활동이 있었다.

그러나 그분은 모든 은사와 영적 활동을 접어두고
에스라와 같은 학사의 길을 가고 있었다.
주님이 부르신 길이 아니었다.

아들 문제로 고민하고 계셨는데
나는 이렇게 말하고 싶었다.

"목사님께서 주님이 부르신 사명대로
돌아오시면 아드님도 목사님께로 돌아오지
않겠습니까?"

그러나 내가 조언할 상대는 아니었다.

학사의 길을 가는 목회자는 정말 많다.
하지만 이 시대
예수님의 말씀을 지키며 성령과 성경에 순종하여
하늘에 공중권세 잡은 자들의(엡2:2) 멱살을 쥐고 흔들 영적 용사는 흔하지 않다.[40]

---

40 에베소서 6:12 '우리의 씨름은 혈과 육을 상대하는 것이 아니요 통치자들과 권세들과 이 어둠의 세상 주관자들과 하늘에 있는 악의 영들을 상대함이라'

혼란

때때로 성경은 구원에 대해서는 풍성하지만
영적인 세계에 대한 설명이 매우 박하다고 생각했다.
그래서 어디에서부터 어디까지 하나님의 세계이고
어떤 것이 사탄적인 것인지에 대해 정확한 지침이 없는 것 같아
혼란스럽다는 생각을 한 적도 있다.

그러나 지금은 혼란스러운 영의 세계에 대해서
수많은 선지자와 사도들이 정확하게 알려주지 않은 것이 아니라
그럴 필요가 없었다는 걸 알았다.

영적인 세계는 우주만큼 방대하고 넓어서
환상이나 계시도 하나님께서 한 개인에게 보여주고자 하시는 것만 알
수 있을 뿐이다.
그 외에는 감히 짐작하기도 어려운 광대하고 넓은 세계이기 때문에
그런 상황에 자신들의 경험을 나열하는 것은
어쩌면 무의미했을 것이다.

부족한 나도 신앙생활을 할수록
영적인 하나님 나라의 광대하심과 위대하심을 느낄수록
하나님에 대해 영적인 세계에 대해 감히 무언가를 안다고 말할 수 없게
되었다. 주님께서 내게 가르치시는 것 또한 부유하는 작은 먼지 같은 일
부에 불과함으로.

또한 영적인 세계에서
사탄의 요소와 성령의 역사가 혼란스럽게 어지러운 경우도 많은데
이유는 사탄이 하나님의 역사를 훼방하고 그 속에서 사탄의 씨를 뿌리
고 싶어 하기 때문이다.

이것을 사람의 능력으로 구분하는 것은 불가능하다.

오직 말씀과 성령께서만이 우리를 지도하실 수 있는데
성령의 음성을 구분할 수 없을 때가 많다.
살다 보면 어디에 어떤 말씀을 적용해야 하는지 모를 때도 많다.

그런 순간은 오직 예수님뿐이다.
혼란스러운 영적인 상황에서 길을 열고 길을 찾아낼 수 있는 것은
예수의 보혈과 그의 공로, 그 이름뿐이다.

그 이름을 진실로 붙들고 있는 한 사탄에게 농락당하지 않는다.
비록 내가 실수하고 잘못된 선택을 하더라도 그리스도 안에 있으면 길
이 있다.

어두움과 혼탁함 속에서 반드시 길이 보인다.
왜냐하면 예수님께서 길이시기 때문이다.
내가 그리스도 안에 있을 때 성령께서는 나를 인도하신다.

성경의 사도와 선지자들은
수많은 영적 상황을 성도들에게 일일이 설명하기보다는
오직 그리스도 예수께서 모든 문제의 해결임을 알고 있었다.

그러기에 그 충성된 사도들은
후대가 성령께 인도함을 받고 영적인 승리의 삶을 살 수 있도록
서신과 기록을 통해 예수 그리스도에 대해 계속 말하고 있다.

4 장

주만 섬기리

한국 교회

한국 교회를 향한 사탄의 판단은
외부적인 박해나 훼방으로는 무너뜨리기 어렵다는 것이다.

그래서 사탄은 내부적인 분열로 방향을 돌렸다.

부패, 거짓말, 부정, 인본주의 등의 죄가 몰래 스며들게 만들어
죄로 교회가 타락하고, 교회가 거룩성을 상실해
서로가 싸우며
한국 교회 스스로가 자멸하도록 하는 것이다.

그리고 마지막에는 교회 안에 있는 음란을 세상에 드러내서
커다란 수치와 부끄러움을 주고
사회에서 조롱받고 매장되도록 만들어
한국 사회에 미치는 영향력을 완전히 꺾으려고 한다.

예수님의 말씀처럼 서로 분쟁하는 나라는 설 수 없다.
항상 죄를 회개하며
내부적인 소요와 문제들 속에서 한국 교회는 거룩성을 지키며
죄와 싸우며 주님의 말씀을 붙잡고 버텨야 한다.[41]

---

41 야고보서 1:27 '하나님 아버지 앞에서 정결하고 더러움이 없는 경건은 곧 고아와
과부를 그 환난중에 돌보고 또 자기를 지켜 세속에 물들지 아니하는 그것이니라'

좋은 부모 좋은 스승

자식을 사랑하는 부모는
누구나
자식이 자신보다 나은 삶을 살기를 원한다.
그런 자식을 키웠을 때 부모의 기쁨은 말할 수 없다.

제자의 재능과 인생을 진심으로 사랑하는 스승은
제자가 자신보다 더 나은 사람이 되기를 바라며
좋은 스승은 제자의 성과에 진심으로 자랑스럽고 뿌듯할 것이다.

좋은 스승이셨던 예수님도
제자들에게 말씀하시기를
"너희가 나보다 더 큰 일도 할 것이요"(요14:12)
말씀하시며 제자들에게 기대와 희망을 주셨다.

부모와 선생뿐 아니라
사랑하는 대상이 잘되기를 바라는 것은
당연하다.

좋은 스승과 부모들은 그런 인물을 키워낸다.

그런 기준으로 보았을 때
아브라함, 야곱, 다윗 등은 자신보다 부족하지 않은 자식을 키웠으니 좋은 부모요, 모세와 엘리야는 좋은 스승일 것이다.

그럼, 모세와 엘리야 둘 중에 누가 더 좋은 스승이냐고 내게 묻는다면
수치상으로 명확하게 엘리야의 두 배의 능력을 받은
엘리사를 키워낸 엘리야에게 손을 들어주고 싶다.
여호수아는 대단한 지도자지만 모세의 두 배 능력은 아니었으므로.

사울 1

현재 한국에 하나님의 큰 종이 없다는 말을 종종 듣는다.

한국 교회가 회개할 일이다.
한국의 목회자들이 회개할 일이다.

자신의 지위와 명예, 사람들로부터 받는 존경을 위협당한 사울은
자신보다 뛰어난 다윗을 보며 자존심에 심한 상처를 입었다.
그래서 다윗을 죽이기 위해 창을 던진다.

물론 사울이 받아들이기 쉬운 상황은 아니었을 것이다.
그는 이스라엘에서 처음으로 왕좌를 누렸고 그 가치를 알았기에
또 빼앗길 것이라고 확신했기에 힘들었을 것이다.

그래서 사울은 숨어 피해 다니는 다윗을 죽이기 위해
남은 생, 거의 전체를 다윗을 찾아다니는 일에 집착한다.

다윗은 창을 피했지만

이 세대에서
하나님의 다음 세대의 지도자로 부르심을 받은 그 누군가는
그 아픈 창을 피했을까?

혹시 나는 누군가가 다윗처럼 잔인하게
짓밟히는 것을 본 적이 없는가.

사울 2

하나님은 완전하시기에
나는 다음 세대의 지도자를 준비해 두셨을 것이라는 생각을 한다.

그러나 그것이 지금처럼 공백이라면 고민해야 한다.
하나님의 나라와 의를 위해서.

혹시 우리는 내 것을 지키기 위해
다음 세대를 기약할 수 있는 뛰어난 하나님의 인재들을 시기하고
잘 자라도록 돕지 않고
경계하고 상처 주지 않았는가.

어쩌면 그래서 그들은 상처 때문에, 외로움 때문에, 질투 때문에
포기했거나 도망갔거나 떠났을 수도 있다.
나는 여기에서 특별히 질투를 꼽고 싶다.

영적인 질투와 시기는 무섭다.
부모가 자식을 시기하며 아내가 남편을 질투한다.
혈육이 아닌 사람들의 사정은 더 말할 것도 없다.
영적인 욕심은 예수님도 이단으로 몰아 죽였다.

그리스도 안에서는
이웃과 형제가 잘 돼야
결국 내가 잘된다.
이것은 기본 중 기본이다.
사울의 말로를 기억해야 한다.

다윗

그가 왕이 되고
그의 수하에는 엄청난 장수들이 많았다.
혼자 800명의 적군을 상대하는 용사도 있지만
다윗은 그 모든 위대한 용맹한 장수들을 품었다.
자신보다 뛰어난 용사들을 시기하고 내치지 않았다.
그리고 그들은 다윗에게 충성했고 전장에 나가서 싸웠다.

가장 강대한 왕이 되었고 가장 넓은 이스라엘의 영토를 차지하고
주변국들을 굴복시켰다.

다윗은 사울의 길을 걷지 않았다.
그리고 하나님은 다윗에게 솔로몬을 주셨다.
솔로몬은 이스라엘 최대의 부흥기를 이끄는 왕이 된다.
하나님의 약속하신 나라가 부흥하게 된다.
하나님의 뜻이 이루어진다.

내가 아니면 어떤가.

내가 아닌 그 누군가가 하나님의 뜻을 이룬다면
우리는 세례 요한처럼
친구의 혼인 잔치를 기뻐하는 손님이어도 좋지 않을까.(요3:29)

하나님의 나라에 뜻이 이루어진다면
예수님이 행복하시다면 말이다.

부르심

주의 일을 하다가 자연스럽게 알게 된 것이 있는데
사명에 따라 여러 종류의 종들이 있다는 것이다.
의사들처럼 전문 분야라고 해야 하나.

시간이 가고 나이는 먹고
체력은 약해지고
능력은 점점 더 없어지면서
한 가지만 생각한다.

모든 것을 잘할 수 없다.

내게 맡기신 일만이라도 해내자.
쓸모없는 종만은 되지 말자.

기도 1

언제부터더라.
쉼 없이 기도하면서 많이들 상했다.

갑상선, 심장, 귀, 간, 혈압….

나이도 젊은데
어느새 모두 하나씩 약을 먹고 있다.

예수를 위해.
자유를 위해.

가진 것은 간절함 밖에 없기에
신을 향해 탄원하고 탄원한다.

기도 2

간장이 끊어지는 게 뭔지 알았다.
어떤 날은 지쳐 쓰러져 정신이 가물가물하고
결국 누워서 기도한다.
목소리가 나오지 않아 메마른 소리가 난다.
그래도 마지막 힘을 다한다.

매일매일 힘겹다.
기도 한마디가 너무 무겁다.
몸이 잘 움직여지지 않는다.
체력이 따라주지 않는 건 이미 오래됐다.
그래도 또 앉는다.
생각을 정리하고 마음을 가다듬는다.

나는 내가 할 일을 한다.

그렇게 한 명 두 명 결국 어제 함께 했던 모두가 모였다.

우리는 그저 우리에게 맡기신 일을 한다.

그뿐이다.

다음날이면 그렇게 또 모인다.

예수님
사랑하는 우리나라와 자유
그리고 한국 교회를 지켜주소서.

그날

그날은 모두 새벽까지 잠을 자지 못했다.
이미 모두 지칠 대로 지쳤다.
이미 기력이 다한 지는 오래됐다.

인간의 힘이 바닥났을 때
나의 노력이 더 이상 불가능할 때
스스로에게 묻는다.

하나님께
할 수 있는 탄원과 간구는 다 했을까?
목소리가 나오지 않는다.
이대로 정말 후회하지 않을까?
몸에 힘이 남아 있지 않다.
머리는 아득하고 팔다리는 축축 처진다.

그런데도 간절하기에
매달리고 또 매달린다.
탄원하고 탄원한다.

어스름 동이 터올 때까지
귀를 기울이며
주님께 이 나라를 도와주시기를
가슴이 아프도록 소원했다.

새벽녘
결과가 나오고서야
모두 잠잠해졌다.

환호도 미소 지을 힘도 남음이 없다.
말없이 쓰러지듯 잠이 들었다.
온몸이 아프다.
잠을 자고 깨어도
자리에서 일어나지 못했다.

그렇게 강하던 성도들이
일주일을 앓아누웠다.

기도 3

잘난 것 내세울 것 없이 초라하지만
열심히 살았다.

다만 우리의 아이들은
주를 위해
우리보다 조금 더 높게 날고
쉽게 달리고
많이 웃을 수 있기를
가치 있고 의미 있는 삶을 살기를
현명하고 지혜로운 사람으로 인생을 살아내기를

나처럼 고생하면서 살지는 않기를

그렇게 오늘도
주님께 기도드린다.

기도 4

결국 여기까지 와보니
모두 나를 위해 살았다.
결국 나를 위한 기도였다.

나의 안녕, 나의 조국, 내 가족, 나의 교회, 나의 이웃, 나의 구원
모두 나를 위해.

찾아보니
예수님을 위한 건 별로 없다.
주님이 시키셔서 하는 기도라고 해도
그분을 위한 것들이 아니다.
결국 나와 우리 모두를 위한 것.

정말 주님은 이것으로 충분하신 것일까.
그분은 정말 이것으로 행복하실까.

반성

주님도 행복하게 해드리고 싶다.

사랑이라는 말의 어원은
생각이라는 말에서 나왔다고 하는데
많은 순간 그분을 생각하는 것은 어떨까.

순간순간 주님을 잊지 않고
그분을 닮아 살도록
그분이 가르치신 대로 살아가려고 노력하는 것.

이것 외에
모든 것을 만드신
모든 것을 다 가지신
천지의 주인이신 예수님을
기쁘게 해드리는 방법을 모르겠다.

그런데 왠지 무척 좋아하실 것 같다.

학폭

어느 날 아이가 학폭을 당했다는 것을 알게 됐을 때
그동안 학교에 가기 싫다며 침대에 누워 아프다고 끙끙거렸던 것이
번번이 아프게 맞아서 발로 짓밟혀서 밥도 못 먹었다는 걸 알았을 때

어린 아들에게 일어난 고통과 슬픔에
긴 칼이 가슴을 계속 그어댔다.

선생님께 학폭 사실을 전하면서
상대방 학생과 학부모의 사과와 재발 방지를 요구했지만
아무런 연락이 없었다.

학교도 학부모도 무반응이었다.
하루, 이틀, 사흘. 내가 학교에 연락한 것 외에는
아무런 사과도 연락도 없었다.
정식 학폭을 시작했다.

누군가가 그러더라
학폭위는 '전국 거짓말 대잔치'라고.

나와 아이는 없는 사실을 만든 거짓말쟁이가 되어있었고
쓸데없이 일을 크게 키우는 극성 엄마가 되어있었다.

맞폭이 들어왔다.

내가 당연하다고 기대했던 양심은 어디에도 없었다.
그저 밤마다 고통으로 가슴을 치며
잠을 자지 못하고 헐떡거리는 아들이 있을 뿐이었다.

168

귀를 막고 비명을 지르는 내 아이.
사랑하는 내 아이.

내가 여기서 멈추면 아들은 비웃음거리가 될 것이었다.
영리한 아이에게 잊을 수 없는 상처가 될 것이다.
아이는 세상에 정의는 없다고
말씀은 거짓이라고
주님의 살아계심을 부인할 것이다.

아들을 지키는 것.

우리, 주님
살아계신 주님
주님께 탄원했다.

목구멍이 음식을 거부하고
정말 한잠도 자지 못하자
심장이 죽을 듯이 아파져 왔다.

목구멍으로 억지로 음식을 밀어 넣으며
물을 억지로 삼키며
약을 먹으면서 하루하루를 견뎠다.

학폭을 숨기기 위해 모두 그렇게나 애썼는데 숨겨지지 않았다.
학폭위에서 가해자의 거짓은 밝혀졌고 완전히 이겼다.

그사이 있었던 일들은 차마 글로 다 쓰지도 못한다.
아직도 자료들을 가지고 있다.
아직도 그때를 기억하는 것만으로도 잠이 오지 않아

뜬눈으로 밤을 지새운다.

생각하면 지금도 손이 떨리지만
주님께서 이 일을 절대 잊지 않고 기억하겠다고 하셨기에 눈물을 흘리
며 거기서 멈췄다.
예수님을 믿기에 더 키우지 않고 멈췄다.

인생은 짧지 않음으로
언젠가 나도 흐려지겠지만

아직도 나와 가족들은
그때를 기억하게 만드는 모든 것이 고통스럽다.

의사

이 증상은
마음이 약하신 분들이 겪는 일이 아닙니다.

도리어 책임질 일이 많고
나는 무엇이든 할 수 있고
강하다고 생각하시는 분들
소위 성공하셨다는 분들이 많이 가지고 계십니다.

특징이 자신이 힘들다는 것을 인정하지 않고
약하다는 것을 부정하십니다.
우울증 같은 것은 생각 속에 없습니다.

자신은 할 수 있다고 생각했지만
결국 버티지 못해서 생기는 증상이며
자신이 그것을 인정하기 싫어서 잘 모르는 경우가 많습니다.

사실은 자신이 견디지 못하고 무너지고 있다는 것을 인정하지 않을 뿐
병들어가고 있는데 말입니다.
사실 이분들은 실패한 것입니다.

빨리 인정하지 않으면 결국 버티지 못하고
둑을 넘쳐 들어오는 강물에
모든 것이 휩쓸려 가버릴 것입니다.

"그럼 저는 빨리 잘 왔네요."

아 환자분이 그렇다는 게 아니라

심장에 아무 이상이 없다는 확진이 나야 알 수 있습니다.
그리고 종류가 많으니 자세히 봐야지요.

"아… 네."

우울증이 없어서 상상도 못 했다는 말에 악의 없는 의사 선생님이 열변
을 토했다.

아이 학폭으로 잠을 거의 이루지 못했다.
아이가 당했던 일이 너무 가슴 아프고 떨쳐지지 않았다.
꽤 오래 꼬박 밤을 새웠고 몸이 견디지 못했다.

그래서 방문하기 시작한 병원.
그런데 심장에 도움이 될 줄이야.

어쨌든 의사 선생님 말씀처럼
음 ~ 정말 나는 몰랐으니까
진짜 문제가 아니라고 생각했으니 할 말이 없었다.
역시 전문적 지식은 놀라운 거구나.

"네네"
고개를 끄덕이며 진찰실에서 나왔다.

내가 그랬구나.

사회적으로 성공한 사람이 아닌데
난 실패했구나.

성공한 적도 없는데 실패라니.

그렇게 한참을 멍하니 있었다.

그래도
뭔가 명쾌한 것이 기분은 맑았다.

약

오늘도 심장약과 이것저것 약을 먹으면서 하루를 시작한다.
통증만 잡히면 살겠다는 생각에 다녀온 병원 약도 종종 먹는다.

다른 방법은 없었나.
내 삶을 좀 더 괜찮게 살아갈 수는 없었나.
모르겠다.
별 재주 없던 내게는
지금까지의 선택이 항상 최선이었던 것 같다.

더 나빠지지 않게 열심히 사는 것.

성공한 적 없는 실패.

괜찮다.
정말 괜찮았다.

그래도 주님은 아신다.
못난 내가 버둥거리며 충성했다는 것을.
그것이 나의 최선이었다는 것을.

간혹 주님의 뜻을 이루고
그분의 웃음에 행복했다는 것을.

그것이면 충분했다.
그리고 앞으로도 그럴 것이다.

하지만 죽을 때 심통으로 죽고 싶지는 않다.
정말 너무 아프다.

174

이제는 안다

나는 아직 살아있다.
죽을 것 같았지만 죽지 않았다.

사는 게
참 재미없었지만
의미는 있었던 것 같다.

실수와 오류는 많았다.
예전으로 다시 돌아가라면 절대 사양하고 싶고

내 타고난 능력이 별것 없기에
지금까지 이뤄낸 내보일 만한 무엇도 없지만
몇 번을 다시 태어난다 해도 더 열심히 살 수는 없다.
그래서 후회도 없다.

그걸로 충분한가를 묻는다면
나는 오늘도 버겁다.

다만 이제는 안다.

살면서 아찔했던
천만다행이라며 가슴을 쓸어내리던 순간들
이유를 모르는 사소한 호의들
그 크고 작은 소소한 순간들이
주님의 도우심이라는 것을.

주님은 나와 대화하고 싶으셨고

주님은 나의 삶을 도와주고 싶으셨다는 것을
위험을 피하게 해주고 싶으셨다는 것을
보호해주고 싶으셨다는 것을
이 모든 걸 알려주고 싶으셨다는 것을
이제는 알고 있다.

살다 보니 의심만 많아져서
성경 말씀도 잘 믿기 어려웠지만

이제는 안다.
맨 처음 주님을 만났을 때
느꼈던 것처럼
주님이 좋으신 분이라는 것을.

예수님은 완전한 신이시지만
또 완전한 인간으로서
나를 많이 동정하시고
그동안 내가 상당히 주님께
소중한 존재였다는 것을 말이다.[42]

---

42 히브리서 2:18 '그가 시험을 받아 고난을 당하셨은즉 시험 받는 자들을 능히 도
우실 수 있느니라'

주의 종

화려하게 피어나는 것이 아니라
축축하고 어두운 흙 속을 파고 들어가
교회와 나라와 가정과 한 영혼을 위해
이 아픈 세상에서 뿌리가 되어
버티고 버티는

예수 그리스도의 '십자가의 도'와 '복음의 정신'을 지키는 사람이라고
생각한다.

이것을 지키기 위해서
때로는 가장 아픈 자리에
고통스러운 곳에 미련스럽게 버티며
인간을 사랑하시는 주님을
그 주님의 정신과 마음을 전하는 사람들.

사람들은 주의 종이 훌륭한 인물이기를 기대한다.
가슴이 넓고, 인간미가 넘치며 지혜롭고, 사랑 많아 항상 자신들을 헤아
려주기를, 성경 말씀에 정통하여 놀라운 정도의 해박한 성경 지식을 가
지고 있기를.

나도 그런 사람이 되어서 하나님께 영광을 돌리고 싶지만
현실은 아니다.

그저 주님께 받은 사명이 소중하기에
주님이 소중하기에
생명을 내어드리고 싶은 것일 뿐.
죄인 된 인간을 사랑하신 하나님.
그분을 따르는 주의 종의 길은 참 무겁고 어렵고 버겁다.
사람인데 왜 안 아프겠는가.
왜 슬프지 않겠는가.
왜 그리운 사람들이 보고 싶지 않겠는가.

때로는 자존심이 상한다.
아무것도 안 했는데 이유 없이 비웃음을 당한다.
물론 부당하다.
사모들 사정은 더하다.

그래도 어쩌겠는가.
내가 지킬 것을 지키고 사랑할 만큼 사랑하고
해야 할 일을 하면서 내 분량만큼 하고 가야지.

난 자존심이 강한 편이다.
주의 일을 하면서 매우 힘들었다.

비난

세상은 바보가 아니다.
교회보다 훨씬 더 계산적이고 이성적이다.
자신보다 강하면 숙이고
약하면 비웃는다.

그들이 읽은 성경 속에 예수님은
꽃처럼 피어나는, 화려한 열매 맺는 분이 아니셨다.
인간을 위해 희생하고 사랑을 위해 목숨을 내어주신 분이다.
그러기에 주님의 삶을 존경하고 흠모하게 되었을 것이다.
내가 그랬듯이.

그런 세상이 보기에 교회는 강하지도 존경스럽지도 않다.
자신들과 별반 다를 것 없이
세상에서 성공을 기대하고 부와 명예를 중요하게 여기며
화려하게 피어나기를 원하는 또 하나의 법인체.
그것을 위해
교회에 다니는 사람들의 주머니를 합법적으로 여기는 단체.
많은 사람이 그렇게 교회를 보고 있다.

지금도 그들은 주의 종들에게 교회를 향해서 요구한다.
이것이 진정 예수님의 복음이냐고.
자신에게 뭔가 보통의 인간들과 너무나 달랐던
그 예수님의 가르침과 행보를 느끼게 해달라고.

그런데 너희는 왜 그 모양이냐고.
인정할 수 없다고.
그러기에 비웃는다.

하지만 특별한 것 없고
아니 더 솔직히 말하면 부족하고 모자란 것이 더 많은 우리가
뭘 얼마나 할 수 있을까.
주님의 말씀을 따라가는 것도 벅찬데 누군가를 붙들고 함께 가는 것.
얼마만큼 할 수 있을까.

주제에 맞지 않게 어려운 길을 잘못 선택한 것일까?
너무 무능할 때가 많다.

제가 예수님을 부끄럽게 만들어드려서 죄송합니다.
자랑스러운 자식이 되지 못해 죄송해요.
주님.

이유와 설명

주님에 대해 조금 안다고 해도
'나는 왜 이렇게 살아야 하나요'라는
수많은 삶의 이유에 대해서

하나님의 섭리라는 원론적인 설명 외에
나는 사람들에 인생의 노고를 다 알 수 없고
속 시원히 설명해 줄 수도 해결해 줄 수도 없지만

그분은 완전한 신이시며 또 완전한 인간으로서
사람들의 고통과 아픔을 보시고 아시며
영원한 도움을 주고 싶으셨다.

무겁고 아픈, 처절한 십자가를 지심으로
천국의 길을 열어 놓으셨다.

성부 하나님의 뜻을 이루셨다.

모든 인간이 구원받을 수 있는 구원의 길을
십자가에 자신의 몸을 찢으시며 열어 놓으셨다.[43]

죄가 없으셨기에
사망과 죽음과 상관이 없으셨던
죄 없으신 하나님의 아들이신 예수님이
우리에게 주신
긍휼과 동정, 그리고 목숨으로 보이신 사랑이다.

43 히브리서 10:19~20 '…우리가 예수의 피를 힘입어 성소에 들어갈 담력을 얻었
나니 그 길은 우리를 위하여 휘장 가운데로 열어 놓으신 새로운 살 길이요 휘장은 곧
그의 육체니라'

알록달록

무채색이 좋았다.
브라운 톤을 사랑했다.
노을 지는 석양은 마음에 안식을 가져다주고
밤이 되면 하나둘씩 켜지는 가로등이 아름다웠다.

그랬던 내가
어느 순간부터 알록달록한 것들이 예뻐 보이기 시작한다.
가방도, 신발도, 심지어 양말까지.

나이를 먹어서 그런가.

예전에는
엄마가 왜 꽃을 그렇게 예뻐하는지 도무지 이해할 수 없었는데
이젠 내가 꽃이 이쁘다.

아마도 이건 행복이라는 눈부심이
감사라는 붓을 만나
내 마음에 꽃이 그려지고 있는 것이리라.

물론 하루하루가 힘들고
쉽지 않지만
눈물도 자주 나지만
사랑이 늘 가까이에 있기에 행복하다.

에필로그

나무인 줄 알았다.
적어도 땅 장미 정도는 되는 줄 알았다.
이제 보니 저 꽃을 닮았다.

길게
아이 키만큼 고개를 빼고 조용히 하늘거리며
곁가지 없이 길쭉한 한줄기에 잎사귀 하나 달지 않고
고고한 듯 단아한 자태가 고상하지만
들꽃이구나.

바람이 불면 꺾이겠지.
추워지면 사위겠지.
너무 세찬 비도
이제는
견딜 수 없을지도 모른다.

내게 주어진 분량만큼의 삶을 살아내기를
바랄 뿐이다.

그런 날이 오면
그런 날에도 언제나 그랬듯
난 내 하나님을 의지하리라.

내 생의 마지막 순간
그분이 창조하신 모든 것들 속에서
내가 이 세상에 살다가
주님의 나라로 떠난 흔적이
아름답기를 바란다.

나는 강하지 않다.
그러기에 때로는 내가 기특하다.

나는 참 모자라고 볼품없다.
매일매일 힘겹다.

전에는 이 세상을 떠나는 것이
두렵지 않았지만
지금은 힘을 다해 소중한 것을 지키고 싶다.
그리고 이 세상에
그 소중함 속에
아름답게 나를 남기고 싶다.

내 삶이 끝나는 날까지...